Herausgeber Frank Elster
            Zorana Dippl
            Gerhard Zimmer

Wer bestimmt den Lernerfolg?

Leistungsbeurteilung
in projektorientierten
Lernarrangements

Bibliografische Information Der Deutschen Bibliothek
Die Deutsche Bibliothek verzeichnet diese Publikation in der Deutschen Nationalbibliografie; detaillierte bibliografische Daten sind im Internet über <http://dnb.ddb.de> abrufbar.

Der Zwillingsmodellversuch JeeNet wird vom Bundesinstitut für Berufsbildung aus Mitteln des Bundesministeriums für Bildung und Forschung, der Bund-Länder-Kommission für Bildungsplanung und Forschungsförderung, dem Land Hamburg und aus Eigenmitteln des Otto Versand gefördert.

© W. Bertelsmann Verlag GmbH & Co. KG, Bielefeld, 2003
Gesamtherstellung: W. Bertelsmann Verlag, Bielefeld

Das Werk einschließlich aller seiner Teile ist urheberrechtlich geschützt. Jede Verwertung außerhalb der engen Grenzen des Urheberrechtsgesetzes ist ohne Zustimmung des Verlages unzulässig und strafbar. Dies gilt insbesondere für Vervielfältigungen, Übersetzungen, Microverfilmungen und die Einspeicherung und Verarbeitung in elektronischen Systemen.

ISBN 3-7639-3139-2

Bestell-Nr. 60.01.460

Inhaltsverzeichnis

Vorwort der Herausgeber   3

GERHARD ZIMMER/ZORANA DIPPL
Beurteilung der Kompetenzentwicklung – Probleme, Fragen und
Kriterien handlungsorientierter Prüfungen   5

FRANK ELSTER
Beurteilung selbstorganisierter Lern- und Arbeitsprozesse
in Juniorenfirmen   25

SEBASTIAN WALZIK
Verhaltenen Be(ob)achtung – ein zentraler Bestandteil
der Beurteilung von Sozialkompetenzen   43

ANNE BUSIAN
Erfassung und Bewertung von Projektarbeit im Modellversuch
„INTRLOK"   67

JÜRGEN MAßON
Ausbildung im Dialog – AiD   87

GABRIELE HEROLD
Wege aus der Unselbstständigkeit – Selbstevaluation als Instrument,
die erlernte Unselbstständigkeit zu verlernen   95

KATJA LENZ
Erfassung von Kompetenzen jenseits der Fachkompetenz
bei kaufmännischen Berufsschülern/innen   113

INGO PENK
Erfassung und Bewertung von Projektarbeit im Modellversuch
LETko/LOK-Team   131

FRANK ELSTER
Leistungsbeurteilung in projektorientierten Lernarrangements –
zum Stand der Diskussion   153

Autorenverzeichnis   163

Vorwort der Herausgeber

Seit einigen Jahren hat sich unübersehbar ein Paradigmenwechsel in der Berufspädagogik vollzogen: An die Stelle der Qualifizierung als zielleitende Kategorie tritt zunehmend die Entwicklung vollständiger beruflicher Handlungskompetenzen. Neben den fachlichen wird dabei auch überfachlichen Kompetenzen eine herausragende Stellung bei der Bewältigung neuer beruflicher Anforderungen eingeräumt. Team- und projektorientierte Arbeitskonzepte, die zunehmende – auch virtuelle – Vernetzung innerhalb der Unternehmen und unternehmensübergreifend, die Ausweitung der Nutzung moderner Informations- und Kommunikationstechnologien, die Zunahme an Steuerungs- und Entscheidungserfordernissen in modernen Arbeitsorganisationskonzepten und nicht zuletzt der rasche Fortschritt verfügbaren Wissens sind Gründe für diese Entwicklung. Schlagworte wie „Wissensgesellschaft" und „lebenslanges Lernen" beherrschen dementsprechend die Debatte.

Hiermit ist auch eine Neubestimmung didaktisch-methodischer Prinzipien verbunden: Nicht mehr die Instruktion oder die Vermittlung eines festgeschriebenen Wissenskanons steht im Zentrum didaktischer Überlegungen und Konzepte, vielmehr wird selbstorganisiertes, eigenverantwortliches, arbeitsprozess- und aufgabenorientiertes Lernen als adäquater Weg angesehen, den neuen Anforderungen der Arbeitswelt Rechnung zu tragen. „Prozess- und Organisationsmanagement in der Ausbildung", „Selbstlernen im Kundenauftrag", „Geschäfts- und Arbeitsprozessbezogene Ausbildung", „Selbstorganisierte Weiterbildung" – die Titel aktueller Modellversuche in der beruflichen Bildung sprechen diesbezüglich eine deutliche Sprache.

An einem Punkt jedoch prallen innovative didaktische Konzepte und bestehende Organisationsformen der Ausbildung aufeinander: an der Frage der Beurteilung und Bewertung des Lernerfolgs. Wie können Lernerfolge in projektförmigen Lernarrangements erfasst und bewertet werden? Gibt es Kriterien für die Erfassung fachübergreifender Kompetenzen? Sind innovative Lernformen und administrative Vorgaben hinsichtlich der Bewertung kompatibel? Gibt es Möglichkeiten, Kompetenzentwicklung zu benoten? Wer ist in selbstorganisierten Lernarrangements kompetent, Bewertungen vorzunehmen?

Mit diesen Fragen sahen sich auch die Akteure im Modellversuch JeeNet konfrontiert. Ziel dieses Modellversuchs ist der Erwerb von Kompetenzen für das E-Business sowie unternehmerischen Denkens und Handelns in kaufmännischen Ausbildungsberufen. Zu diesem Zweck bearbeiten Schülerinnen, Schüler und Auszubildende reale Aufträge in schulischen und betrieblichen Juniorenfirmen. Neben kaufmännischen Fach- und Medienkompetenzen soll auf dem Wege digitaler Vernetzung der Erwerb von sozialen und kommunikativen Kompetenzen für virtuelle Teamarbeit erreicht werden. Dementsprechend steht der Kurztitel „JeeNet" für „Junior Enterprise Network".

Es liegt auf der Hand, dass in diesem Lernarrangement andere Formen der Leistungsbeurteilung zum Einsatz kommen müssen als in traditionellen didaktischen Konzepten. Es entstand daher die Idee, an den Erfahrungen und Ergebnissen bestehender innovativer schulischer und betrieblicher Beurteilungs- und Einschätzungskonzepte zu partizipieren. Zu diesem Zweck haben wir Wissenschaftler und Praktiker aus unterschiedlichen Projekten an einem Tisch versammelt, um deren Vorgehensweise kennen zu lernen – aber auch, um einen Dialog zwischen den unterschiedlichen Verfahren zu initiieren und Gemeinsamkeiten wie Unterschiede zwischen ihnen herauszuarbeiten.

Die vorgestellten Konzepte ebenso wie die Ergebnisse dieses Dialogs erscheinen uns derart aufschlussreich, dass wir sie sowohl der wissenschaftlichen Fachöffentlichkeit wie interessierten Praktikern in Schule und Betrieb, in Aus- und Weiterbildung zugänglich machen wollen.

FRANK ELSTER/ZORANA DIPPL/GERHARD ZIMMER

GERHARD ZIMMER/ZORANA DIPPL

Beurteilung der Kompetenzentwicklung – Probleme, Fragen und Kriterien handlungsorientierter Prüfungen

1 Die Problematik von Prüfungen

Die im Buchtitel formulierte Frage „Wer bestimmt den Lernerfolg?" zieht die Selbstverständlichkeit in Zweifel, dass der Lernerfolg – ganz unabhängig von der Altersgruppe der Lernenden, seien es Kinder, Jugendliche oder Erwachsene – natürlich nur von den Lehrenden oder von externen Prüfern inhaltlich bestimmt und mittels bestimmter Verfahren und Instrumente bei den Lernenden objektiv gemessen bzw. festgestellt werden kann. Dieses traditionelle Prüfungsparadigma beansprucht grundsätzliche Gültigkeit, gleichgültig ob es um die Messung des erreichten Ausbildungserfolgs an externen Anforderungen in Ausbildungsabschlussprüfungen geht oder um die vergleichende Einordnung in Rangpositionen in Lerngruppen oder um die Auswahl pädagogischer Maßnahmen zur Förderung der Lernenden. Immer stehen die Prüfungsinhalte in den Prüfungen selbst – und damit auch den Prüflingen – nicht zur Disposition, sondern werden von den Lehrenden bzw. Prüfenden auf der Grundlage von Ausbildungsordnungen und Rahmenlehrplänen den zu Prüfenden diktiert.

In handlungsorientierten Ausbildungen stellt sich daher die Frage, ob dieses herrschende Prüfungsparadigma – nämlich die alleinige Bestimmung der Prüfungsinhalte durch die Lehrenden bzw. Prüfenden – überhaupt noch geeignet ist, den tatsächlich von den Lernenden erreichten individuellen Ausbildungserfolg wahrheitsgemäß festzustellen. Denn auf eine wahrheitsgemäße Feststellung der erworbenen beruflichen Handlungskompetenzen hat nicht nur der Ausgebildete einen Rechtsanspruch, sondern auch ein einstellendes Unternehmen muss sich auf die durch die Prüfungsinstanz zertifizierten Handlungskompetenzen verlassen können.

Handlungsorientierung ist das moderne didaktische und methodische Paradigma der Organisation beruflicher Bildungsprozesse in Betrieben und Schulen. Hatte früher der Arbeitende sich in taylorisierten Arbeitsstrukturen körperlich dem Lauf der Maschinen zu unterwerfen, so wird heute von ihm, quasi neben den automatisierten Prozessen stehend, vor allem eine komplexe und flexible geistige Leistung, zunehmend unter Nutzung der modernen Informations- und Kommunikationstechnik, verlangt. „Hierfür gibt es nur zum Teil personenunabhängige Handlungsschemata. Entscheidend ist vielmehr ein subjektives Potenzial, mit komplexen Situationen erfolgreich umzugehen, wobei die Erfolgskriterien selbst nur noch teilweise von außen beschrieben werden können, sondern gleichermaßen vom handelnden Subjekt (...) mitdefiniert werden müssen." (Walter 1996, S. 26f.) Um diesen modernen Anforderungen in Ausbildungen gerecht werden zu können, wurden in den vergangenen Jahrzehnten zahlreiche Formen handlungsorientierter Ausbildungsarrangements – oft vorgängig in Modellversuchen – entwickelt, erprobt, evaluiert und in die Praxis überführt, z.B. Leittextmethode, Lerninsel, Lernbüro, Projekt, Übungsfirma, Juniorenfirma. Handlungsorientierte Ausbildungen zeichnen sich durch einen engen Realitätsbezug und durch Offenheit in den Zielen, Inhalten und Wegen aus, die konkret alle erst im Prozess der Übernahme und Bearbeitung einer Aufgabe den realen Anforderungen angemessen bestimmt und festgelegt werden. Dies geschieht in Form vollständiger Handlungen, gegliedert in die Phasen Informieren, Planen, Entscheiden, Ausführen, Kontrollieren und Auswerten. Da die Lernaufgaben bzw. Ausbildungsaufgaben identisch mit Realaufträgen sind oder aus diesen für individuelle und kooperative Lernprozesse ausgegliedert werden, sind sie nie in gleicher Weise vorherbestimmt. Das Ziel handlungsorientierter Ausbildungen ist der Erwerb umfassender beruflicher Handlungskompetenzen, die den Auszubildenden die Herausbildung ihrer individuellen beruflichen Persönlichkeitsprofile ermöglicht, die sie später als Berufstätige befähigen, selbstständig in Kooperation mit anderen Beschäftigten in Unternehmen bzw. Organisationen übernommene berufliche Aufgaben effizient und innovativ zu bearbeiten. Dementsprechend ist die zunehmende Selbstorganisation aller Lern- und Arbeitsprozesse in Kooperation und Kommunikation mit anderen Auszubildenden, mit Ausbildern, Meistern, Lehrern, Experten etc. in komplexen und wechselnden Aufträgen das zentrale Merkmal handlungsorientierter Ausbildungen. Es ist offensichtlich, dass das herrschende Prüfungsparadigma, wonach der Prüfer allein die Prüfungsinhalte bestimmt, dem selbstorganisierten Lernen der Auszubildenden nicht mehr angemessen ist.

Die provokative Frage im Buchtitel: „Wer bestimmt den Lernerfolg?" fragt somit nach den notwendigen neuen Prüfungsverfahren und Prüfungsinstrumenten, die handlungsorientierten Ausbildungen angemessen sind: Wie kann in handlungsorientierten Ausbildungen der individuelle Nachweis erworbener

Befähigungen für berufstypische Anforderungen erbracht werden? Wie kann das Lernen unterstützt werden, um gezielt vorhandene Defizite ausgleichen und Entwicklungspotenziale fördern zu können? Wie kann die Selbsteinschätzung der eigenen Anstrengung und Leistungsfähigkeit bezogen auf die externen Anforderungen und im Vergleich zu den Mitlernenden gefördert werden? Diese Fragen bedürfen dringend der Beantwortung, weil in fast allen neugeordneten Ausbildungsberufen in den Ausbildungsordnungen rechtsverbindlich vorgeschrieben, dass handlungsorientiert ausgebildet und geprüft werden muss (vgl. Schmidt 1997, S. 401).

Mittlerweile dürfte es unbestritten sein, dass Prüfungen nicht in dem Sinne konzipiert werden können, dass durch sie dem geprüften Subjekt bestimmte Eigenschaften (z.B. Handlungskompetenzen) als objektive Tatbestände zugeschrieben werden, die zwar durch Ausbildung geformt, aber grundsätzlich naturgegeben sind. Das Subjekt hat prinzipiell unbeschränkte Handlungsmöglichkeiten – auch wenn es aus vielerlei Gründen nur wenige wahrnimmt oder wahrnehmen kann bzw. darf – und ist zur vielseitigen Entwicklung seiner Handlungskompetenzen als seines subjektiven Potenzials fähig – auch wenn es tatsächlich nur bestimmte Entwicklungschancen wahrnimmt oder an der Wahrnehmung von Chancen durch besondere Umstände oder Zugangsverweigerungen gehindert wird (vgl. Holzkamp 1983, S. 233ff.). Handlungskompetenzen sind subjektive Potenziale, entstanden aus mehr oder weniger reflektierten Lern- und Erfahrungsprozessen im Zusammenhang mit externen beruflichen Anforderungen. Das Anlegen von „objektiven" Maßstäben (beispielsweise von Intelligenztests) zur zuverlässigen Diagnose von Handlungskompetenzen oder zur Prognose zukünftiger Berufsbewährung ist zur Messung gänzlich ungeeignet, weil die nur als subjektives Potenzial vorhandenen Handlungskompetenzen vom Subjekt quasi erst in der Lern- oder Arbeitssituation bezogen auf die konkreten Anforderungen unter den gegeben Bedingungen originär produziert werden. Dies sind aber keineswegs alle relevanten Handlungskompetenzen, die der Geprüfte tatsächlich in der Lage ist oder sein könnte situativ zu zeigen bzw. zu produzieren! Schmidt (1998, S. 21) weist daher zu recht darauf hin, dass Dörner und seine Mitarbeiter bereits 1983 in umfangreichen empirischen Studien nachgewiesen haben (die Probanden hatten in computersimulierten Welten als Bürgermeister, Betriebsleiter oder Entwicklungshelfer Entscheidungen zu treffen), dass zwischen ihrem Erfolg in den unterschiedlichen handlungsorientierten Szenarien und ihren Leistungen im Intelligenztest keine signifikanten Beziehungen bestehen (Dörner/Kreuzig 1983).

Gesellschaftlich haben Prüfungen wesentlich eine Disziplinarfunktion (Foucault 1979, S. 236ff.): Sie sind ein Instrument der Herrschaftsausübung zur Normalisierung und Normierung von Subjekten. Während im Feudalismus Macht und Vorrechte, Name und Stammbaum sowie Heldentaten, durch Rituale, Erzählungen oder bildliche Darstellungen symbolisiert, die Formen der Individualisierung prägten, leisten dies im heutigen bürgerlichen Zeitalter anonymer bzw. institutionalisierter funktioneller Disziplinarmächte die mittlerweile außerordentlich vielfältigen Eingangs-, Zwischen- und Abschlussprüfungen in beinahe allen – größeren und auch kleineren, z.B. modularisierten – Bildungs- und Ausbildungsabschnitten. Dabei tritt die Disziplinarmacht nicht selbst in körperlicher Gestalt auf, sondern kommt nur in der Selbstbewegung der normalisierten und normierten Funktionalität der beherrschten Subjekte zum Ausdruck. Durch Prüfungen werden die Subjekte in Zugehörigkeiten eingeordnet und zwischen einem positiven und negativen Pol auf festgelegten Maßstäben positioniert. Die Positionierung geschieht dabei in der Form der Differenzierung der Subjekte, bezogen auf ein Mindestmaß, den Durchschnitt oder einen optimalen Annäherungswert. Sie basiert auf einer quantifizierenden Messung der „Eigenschaften" bzw. der „Natur" der Subjekte und wird „in Werten hierarchisiert" (ebd., S. 236).

Prüfungen kanalisieren und kontrollieren somit die selbstorganisierte und selbstbestimmte Entfaltung der Subjektivität, machen sie dokumentierbar und zugleich differenziert codierbar – das Subjekt wird zu einem analysierten und beschriebenen, sich selbst bewegendem „Objekt". Das hierarchische Vergleichssystem erlaubt es, die Abstände zwischen den „Objekten" und ihre Verteilung in der Gruppe, Profession und Bevölkerung zu bestimmen. Mit der wertenden Messung geht zugleich „der Zwang zur Einhaltung einer Konformität" (ebd.) einher, denn die permanente Messung von Leistungen wirkt einerseits normalisierend und homogenisierend – und somit auch ausschließend –, andererseits aber differenzierend und individualisierend. „Die Prüfung kombiniert die Techniken der überwachenden Hierarchie mit denjenigen der normierenden Sanktion." (ebd., S. 238) Sie kombiniert „eine bestimmte Form der Machtausübung mit einem bestimmten Typ der Wissensformierung" (ebd., S. 241), d.h. Art, Umfang, Reichweite und Verwendungsweisen des Wissens werden in machtpolitisch funktioneller Weise erwerbbar gemacht. Holzkamp (1993, S. 380) führt dazu aus „dass aus dem Blickwinkel ‚normierender Sanktion' der ‚Persönlichkeit' jedem einzelnen Kind oder Jugendlichen zwar hohe Beachtung zugewandt wird, dies aber nicht aus Interesse an ihm in seiner subjektiven Wirklichkeit, seiner Problemsicht, seinen Schwierigkeiten mit der Schule, o.ä., sondern ... als Bestimmung seines Platzes im disziplinären ‚System von Normalitätsgraden', also im Kontext von Machtstrategien zu seiner ‚Normalisierung'."

Sollten die zur Zeit diskutierten Ausbildungsmodule und Credit-Point-Systeme tatsächlich durchgehend in einem Ausbildungsberuf eingeführt werden, wird es keinen Ausbildungsabschnitt mehr geben, dessen normalisierende und normierende – somit zugleich ausschließende – sowie differenzierende und individualisierende Wirkung bei den Subjekten nicht zugleich durch intensive Prüfungen gesichert wird. Chancen für die Entfaltung subjektiver Handlungskompetenzen wird es dann nur noch in den in allen Details vorgeschriebenen und kontrollierten engen funktionellen Entwicklungsbahnen geben. Es ist dies die Installation eines Systems der Kanalisierung individueller Kompetenz- und damit auch Persönlichkeitsentwicklung. Dabei fällt in den bislang geführten Diskussionen nur gelegentlich auf, dass Modularisierung und Handlungsorientierung diametral entgegengesetzte, also unvereinbare Ausbildungskonzepte sind – was nicht ausschließt, dass gelegentlich zum Erwerb spezifischer Kenntnisse oder Fertigkeiten einzelne kleine Module aufgabenbezogen in eine handlungsorientierte Ausbildung durchaus eingebaut werden können, ohne dass sie das handlungsorientierte Ausbildungskonzept tangieren oder gar sprengen.

Das bisherige Prüfungsparadigma, das traditionelle Abprüfen dessen was das Subjekt sich von den vermittelten Inhalten angeeignet hat, ist in modernen Ausbildungs- und Arbeitsprozessen nicht nur dysfunktional, sondern mehr noch verhindert es die Herausbildung angemessener neuer Prüfungsverfahren und Prüfungsinstrumente. Handlungsorientierte Ausbildung braucht ein neues Prüfungsparadigma, das die Offenheit in den Zielen, Inhalten und Wegen der Ausbildung thematisiert, die der Auszubildende in Kooperation mit den anderen Auszubildenden und den Ausbildern und Lehrern mit wachsender Handlungskompetenz auszufüllen hat.

Damit ist auch eine erste Antwort auf die Eingangsfrage „Wer bestimmt den Lernerfolg?" gegeben: Eine angemessene Bestimmung des Lernerfolgs bzw. Beurteilung der erworbenen beruflichen Handlungskompetenzen kann in handlungsorientierten Ausbildungen nur unter Mitwirkung der Beurteilten, also der Lernenden bzw. Auszubildenden selbst, gelingen und dem einzufordernden Wahrheitsanspruch von Prüfungen gerecht werden.

2 Vorüberlegungen zur Konzeptualisierung handlungsorientierter Prüfungen

Unter den fundamentalen Rahmenbedingungen unseres Bildungssystems, in dem die Beurteilung individueller Lernleistungen rechtlich in Form von Zensuren vorgesehen ist, stellt sich die Frage, ob und wie individuelle Lernleistungen in handlungsorientierten Arrangements und die erworbenen individuellen Kompetenzprofile und -potenziale überhaupt quantifizierend gemessen und beurteilt werden können. Handlungskompetenzen sind erworbene und subjektiv verallgemeinerte Befähigungen der Subjekte in unterschiedlichen Situationen unter verschiedenen Bedingungen konkrete Aufgaben effizient, effektiv und erfolgreich bearbeiten zu können. Subjekte können ihre Kompetenzen immer nur an konkreten Aufgaben zeigen. Ihr tatsächliches Kompetenzpotenzial haben sie jedoch wahrscheinlich nicht nur erheblich breiter und tiefer ausgebildet, sondern ihr Kompetenzpotenzial wächst in der Regel auch mit jeder Bearbeitung einer neuen Aufgabe. Es ist daher auch schon schwer genug, die erworbenen Handlungskompetenzen eines Lernenden wahrheitsgemäß qualitativ zu beschreiben. Eine quantifizierende Beschreibung im herkömmlichen Notensystem wird der Wahrheitsfindung schon gar nicht gerecht. Wenn eine Kompetenzbeurteilung nach dem Notensystem ausscheidet, stellt sich die Frage, ob die bei der Bearbeitung einer Prüfungsaufgabe sichtbar gewordenen Kompetenzen repräsentativ für das tatsächlich herausgebildete Kompetenzpotenzial sind. Da die beruflichen Handlungskompetenzen immer bezogen sind auf Spektren gegenwärtiger und absehbarer Berufsaufgaben in zunehmend flexibler abgegrenzten Tätigkeitsfeldern, müssen die konkreten Aufgaben zur Prüfung erworbener Kompetenzen nicht nur repräsentativ für die erforderlichen fachlichen Kompetenzen sein, sondern für die berufliche Situation insgesamt, in der die Aufgabe normalerweise zu bearbeiten ist, weil sonst das Vorhandensein der erforderlichen beruflichen Sozial- und Selbstkompetenzen nicht beurteilt werden kann. Prüfungssituationen sind jedoch bislang in der Regel Sondersituationen, die keineswegs repräsentativ für die normalen beruflichen Situationen sind. Sie sind daher wohl kaum geeignet, die tatsächlich erworbenen Kompetenzen insgesamt, also in ihren sachlichen, sozialen und persönlichen Aspekten, in jedem Falle und bei jedem zu Prüfenden wahrheitsgemäß zu beurteilen.

Handlungsorientierte Prüfungen werden derzeit noch dadurch erschwert, dass nur Bewertungen von Fachkompetenzen zeugnisrelevant sind, d.h. Bewertungen von Sozial- und Selbstkompetenzen können noch nicht in die Zeugnisse aufgenommen werden. Daraus folgt, dass sowohl für die geforderten handlungsorientierten ausbildungsbegleitenden Erfolgskontrollen als auch für die Ausbildungsabschlussprüfungen eine neue, nämlich handlungsorientierte Methode der Wahrheitsfindung für die Beurteilung subjektiver Kompetenzpotenziale noch ausgearbeitet (vgl. Schmidt 2000a) und rechtlich legitimiert werden muss.

Sicher ist, dass nicht mehr, wie bisher üblich, das Subjekt quasi als Objekt – oder objektiviertes Subjekt – mit Tests vermessen werden kann. Denn diesem traditionellen Prüfungsparadigma liegt die „Transportperspektive" des Lehrens und Lernens zugrunde, bei der geprüft bzw. gemessen wird, was vom Lehrenden zum Lernenden bzw. vom Ausbilder zum Auszubildenden „vermittelt" bzw. „transportiert" wurde und bei diesem angekommen ist. Dementsprechend wird in einer Prüfung mittels repräsentativer Aufgaben aus dem vermittelten Stoff getestet, wie das Vermittelte in individuelle Kompetenzen umgesetzt und in der Prüfung zum Einsatz gebracht wurde. Dem gemäß wurden bisher mit der Anfertigung von Probestücken die vorgegebenen und vorgemachten Fertigkeiten geprüft und in schriftlichen Arbeiten (Klausuren oder Tests) sowie in mündlichen Prüfungen abgefragt, was von dem vermittelten Wissen „hängen geblieben" ist.

Dieses traditionelle Prüfungsparadigma entspricht offensichtlich in keiner Weise mehr den Anforderungen handlungsorientierter Prüfungen. Denn die Lehrenden oder Ausbilder sind keine „Vermittler" oder „Transporteure" von Fachwissen und Handlungswissen und Selbstkompetenzen mehr, sondern informierende und beratende Experten bei der Planung, Durchführung und Erfolgskontrolle exemplarischer Berufsaufgaben oder Lernaufgaben, die von den Lernenden weitgehend selbstorganisiert, kooperativ und partizipativ, also handlungsorientiert bearbeitet werden.

In einer Juniorenfirma beispielsweise werben die Auszubildenden Aufträge selbstständig ein, analysieren den Auftrag, legen die Teilziele und Qualitätskriterien fest, planen die erforderlichen Arbeitsschritte, verteilen und kontrollieren alle notwendigen Arbeiten, bewerten die Zwischen- und Endergebnisse, kalkulieren die Kosten, stellen die Rechnungen aus und liefern die fertigen Produkte an die Auftraggeber aus. Sie führen mithin selbstbestimmt in einem arbeitsteiligen kooperativen Arbeitszusammenhang einer Gruppe von Auszubildenden vollständige berufliche Handlungszyklen aus. Die Ausbilder werden nur noch bei besonderen Anlässen kontaktiert, z.B. bei der Auftragsbesprechung, eventuell bei Bearbeitungsschwierigkeiten oder bei der Endabnahme vor der Auslieferung. Durch ihre Arbeit in vollständigen

Handlungszyklen erwerben die Auszubildenden Sach-, Sozial- und Selbstkompetenzen im Sinne ganzheitlicher beruflicher Handlungskompetenzen.

Das Beispiel macht deutlich, dass handlungsorientierte Prüfungen nicht in Formen des Abprüfens gelernter vorgegebener Fertigkeiten und Kenntnisse in bestimmten Zeitpunkten organisiert werden können. Denn die tatsächlich erworbenen konkreten Handlungskompetenzen können aufgrund der wechselnden Aufträge zu unterschiedlichen Zeiten gar nicht mehr in allen Abschnitten, Niveaus und Aspekten eindeutig vorher bestimmt werden. Dies ist aber die Voraussetzung für die Erstellung repräsentativer und vergleichbarer Prüfungsaufgaben. Erschwerend kommt hinzu, dass die erworbenen Handlungskompetenzen auch nicht mehr, weder in Teilen noch insgesamt, allein vom Ausbilder beurteilt werden können, weil dieser gar nicht mehr in alle Phasen des Ausbildungsprozesses weder als direkt Lehrender noch als Berater eingebunden ist. Denn viele Ausbildungs- und Lernschritte laufen außerhalb der direkten Kontrolle des Ausbilders. Es wird also notwendig, die Auszubildenden bzw. Lernenden selbst und möglicherweise auch andere beteiligte Personen an ihrer Beurteilung zu beteiligen.

Für die angemessene Beurteilung subjektiv erworbener beruflicher Handlungskompetenzen von Auszubildenden muss daher ein neues Prüfungsparadigma entwickelt werden, das sich nicht allein auf eine Diagnose der bereits erworbenen Handlungskompetenzen stützt, sondern auch eine Prognose des subjektiven Nutzungs- und Entwicklungspotenzials erworbener Handlungskompetenzen einbezieht.

Das generelle und durchaus sinnvolle Ziel von Prüfungen ist es, die Leistungsfähigkeit einer Person in einem Beruf anhand der Messung oder Beschreibung des von ihr herausgebildeten Kompetenzprofils zu beurteilen, und zwar zu diagnostizieren und möglicherweise auch zu prognostizieren. Damit wird von Seiten des Anbieters qualifizierter Arbeitskraft Transparenz über seine beruflichen Handlungskompetenzen hergestellt, die in einem Bewerbungsverfahren durch die Transparenz von Seiten des Nachfragers über die zu leistenden Aufgaben und deren Anforderungen sowie über die betrieblichen Bedingungen und die Kooperations- und Kommunikationsstrukturen ergänzt werden muss. Systematisch kann zwischen einer Lehrabschlussprüfung und einer Berufseingangsprüfung unterschieden werden. Eine Lehrabschlussprüfung dient der Diagnose erreichter Leistungsfähigkeit und wird in allen Ausbildungsberufen am Ende der Ausbildung regelmäßig durchgeführt. Eine Berufseingangsprüfung, die der Prognose der zu erwartenden Leistungsfähigkeit in einem Beruf dient, gibt es bei Ausbildungsberufen nicht. Gleichwohl werten einstellende Unternehmen die Lehrabschlussprüfungen als Prognose zukünftiger Leistungsfähigkeit. Somit hat die Abschlussprüfung einer Berufsausbildung faktisch – nicht juristisch – immer eine Doppelfunktion. Ebenso haben ausbildungsbegleitende Erfolgskontrollen in handlungsorientiert konzipierten Ausbildungen eine Doppelfunktion, nämlich eine Beurteilung des bisherigen Erfolgs und darüber hinaus eine Aussage über die gezielte Förderung im weiteren Ausbildungsverlauf zu treffen. Für die Auswahl notwendiger Fördermaßnahmen sind bereits eine Reihe von Methoden und Instrumenten entwickelt worden, z.B. Stärken-Schwächen-Analyse, Zielvereinbarung, Förderung der Selbsteinschätzung durch Beteiligung an der eigenen Beurteilung bzw. durch Zusammenführen von Fremd- und Selbsteinschätzung.

3 Fragen zur Konzeptualisierung handlungsorientierter Prüfungen

Nach der Problembeschreibung im ersten Abschnitt und den konzeptionellen Vorüberlegungen im zweiten Abschnitt stellen sich nun eine Reihe von Fragen, auf die noch Antworten gefunden werden müssen, die Voraussetzung für eine angemessene Konzeptualisierung handlungsorientierter Prüfungen sind:

1. Ist es noch angemessen, in handlungsorientierten Ausbildungsarrangements, die nach den Prinzipien der „Selbstorganisation" und des „Kompetenzerwerbs" organisiert sind, nur in Prüfungsresultaten vergegenständlichte Leistungen zur Bewertung heranzuziehen? Oder muss nicht vielmehr der gesamte Prozess der Erzeugung einer Prüfungsleistung in die Bewertung einbezogen werden? Denn Handlungskompetenzen können immer nur in Aktion geprüft werden anhand exemplarischer Aufgaben mit ganzheitlichen Anforderungen in realen beruflichen Situationen.

2. Liegt es daher nicht nahe, in handlungsorientierten Ausbildungsarrangements eine prozessorientierte bzw. prozessbegleitende Leistungsbewertung bzw. Prüfung der Kompetenzentwicklung vorzunehmen? Ist dies aufgrund der Offenheit und Selbstorganisation handlungsorientierter Ausbildungsarrangements überhaupt möglich, weil es ja keinen objektiv festlegbaren Vergleichsmaßstab für offene, kooperativ selbstorganisierte Ausbildungsprozesse gibt? Beispielsweise muss die eigenständige Bestimmung

von Teilzielen durch die Auszubildenden selbst zum Prüfungsverfahren gehören. Daher sind in vielen Fällen z.B. strukturierte Auswertungsgespräche für Beurteilungen angemessener als „objektive" Testverfahren. Zwischenleistungen im Ausbildungsverlauf müssen ebenfalls in die Beurteilung der Handlungskompetenzen einbezogen werden, weil Berufsanforderungen sich grundlegend verändert haben; beispielsweise muss in automatisierten Prozessen in nie vorhersehbaren Störungsfällen kompetent eingegriffen werden können; die Kompetenz dazu kann aber gar nicht mit Tests geprüft werden.

3. Müssen die Beurteilungen nicht den gestuften Phasen des Erwerbs beruflicher Handlungskompetenzen folgen, um eine der subjektiven Leistungsfähigkeit angemessenere Beurteilung zu erreichen? Denn in der Regel werden zunächst als Basiskompetenzen die grundlegenden Kenntnisse und Handlungsmuster von Ausbildern übernommen oder durch selbstständiges Ergründen und Entwickeln erworben. Anschließend werden erste Handlungen in dem Aufgabenbereich, in dem die Basiskompetenzen zur Anwendung kommen, anhand verallgemeinerter Methoden entworfen und umgesetzt. Durch den Erwerb weiterer Kenntnisse und Handlungsmuster erfahren die Handlungskompetenzen eine Erweiterung und Differenzierung und darauf aufbauend eine Verallgemeinerung, durch die die erworbenen Handlungskompetenzen im gesamten beruflichen Aufgabenbereich und darüber hinaus wirksam werden können.

4. Die Messung und Bewertung subjektiver Handlungskompetenzen stellt überhaupt ein grundsätzliches Problem dar. Denn Handlungskompetenzen beschreiben immer Aspekte der Potenzialität eines Subjekts, die erst – wie oben gesagt – bei der Bearbeitung einer Aufgabe – und dabei meistens auch nur teilweise – erkennbar werden. Die Tüchtigkeit herausgebildeter Handlungskompetenzen zeigt oder erweist sich zudem eigentlich erst in der Ausübung der angestrebten zukünftigen Berufstätigkeit. Wie können dann aber erworbene Handlungskompetenzen – die eine subjektive Ganzheit bilden und immer als Ensemble bei der Bearbeitung einer Berufsaufgabe zum Einsatz kommen – überhaupt gemessen und bewertet werden, und in welchen Kategorien mit welchen Kriterien?

5. Es liegt daher nahe, Beurteilungen subjektiv erworbener Handlungskompetenzen anhand gemeinsam vereinbarter qualitativer und quantitativer Kriterien vorzunehmen, die nicht in einer Form angelegt sind, die den Geprüften die Kompetenzaspekte als objektive bzw. fixierte Eigenschaf-

ten zuschreiben. Wie müssen die Kategorien und Kriterien angelegt sein, damit der Stand erreichter Handlungskompetenzen und das Entwicklungspotenzial eines Ausgebildeten zu einem bestimmten Zeitpunkt in einer bestimmten Situation gemessen an gemeinsam vereinbarten Anforderungen im Vergleich mit den Leistungen einer Gruppe oder mit einem früheren individuellen Leistungsstand beschrieben werden kann?

6. Können Lernleistungen in kooperativ selbstorganisierten Ausbildungsarrangements einzelnen Auszubildenden noch zutreffend zugeordnet werden? Denn die Lernleistung des Einzelnen stützt sich ja in kooperativen Arrangements auf die Lernleistungen der Gruppe; sie wird also erst durch die Lernleistungen der anderen Auszubildenden möglich; somit hat die Gruppe Anteil an den Leistungen der Einzelnen! Wie können Einzelleistungen, die Teil einer Gruppenleistung sind, in Abgrenzung zur Gruppenleistung beurteilt werden? Eine Abgrenzung von Einzelleistung und Gruppenleistung kann nur erreicht werden, wenn eine Antwort auf die Frage gefunden wird, wie Gruppenleistungen zu beurteilen und zu bewerten sind. Erschwerend kommt dabei hinzu, dass Gruppenleistungen ja nicht einfach nur die Summe addierter Einzelleistungen sind, sondern gerade durch die Anordnung der Zusammenarbeit eine eigene Qualität hervorbringen. Gleichwohl kann das Mehr der Gesamtleistung einer Gruppe nicht ohne die Einzelleistungen der Gruppenmitglieder hervorgebracht werden!

7. Da in handlungsorientierten Ausbildungsarrangements die zu erwerbenden Kompetenzen meist nicht detailliert im Vorwege festgelegt werden können, weil es sich um ergebnisoffene Aufgaben bzw. Realaufträge handelt, können auch keine Leistungskriterien vorab unabhängig von den Aufgaben oder Realaufträgen definiert werden. Sie können erst im Prozessverlauf in Bezug auf die Aufgaben bzw. Realaufträge vereinbart werden. Damit ist auch die Vergleichbarkeit erworbener Kompetenzen mit anderen Auszubildenden in Frage gestellt. Gleichwohl stellt sich jedoch mit Blick auf die erforderliche Transparenz beruflicher Handlungskompetenzen auf dem Arbeitsmarkt die Frage: Wie können Handlungskompetenzen vergleichend beurteilt werden, wenn die Qualitäten der zu erreichenden Kompetenzen in den handlungsorientierten Ausbildungsarrangements erst ausgehandelt und festgelegt werden?

8. Da die Lernenden bzw. Auszubildenden in handlungsorientierten Arrangements die zu erbringenden Arbeits- und Lernleistungen kooperativ

selbstorganisiert bestimmen und festlegen, stellt sich die Frage, wer in offenen und selbstorganisierten Lernarrangements kompetent ist, die Arbeits- und Lernleistungen der Auszubildenden angemessen zu beurteilen. Wie können die Auszubildenden an der Beurteilung ihrer Leistungen angemessen beteiligt werden? Wie kann ein gemeinsames Beurteilungsverfahren strukturiert und organisiert werden? Wie können darüber hinaus weitere Ausbildungsbeteiligte in den Beurteilungsprozess einbezogen werden?

9. Wenn die Auszubildenden an ihrer Beurteilung zwecks Wahrheitsfindung beteiligt werden müssen, wie kann dann verhindert werden, dass sie sich nicht individuell beste Noten zuweisen, weil davon ihre späteren Arbeitsmarktchancen abhängen? Es ist zu vermuten, dass wenn es sich bei Beurteilungen nicht um eine Vergabe von Zensuren handelt, sondern um deskriptive Beurteilungen, die eigenen Einschätzungen erheblich kritischer und auch realistischer werden.

10. Wenn es – wie oben ausgeführt – sinnvoll ist, ausbildungsbildungsbegleitende Leistungsbewertungen vorzunehmen, dann stellt sich folgende Frage: Wann ist in handlungsorientierten Arrangements der geeignete Zeitpunkt für Leistungsbewertungen, in dem alle Aspekte und Abschnitte der Leistungserbringung so zum Ausdruck kommen, dass die beruflichen Handlungskompetenzen als Potenzialität des Subjekts angemessen und zutreffend gemessen bzw. beurteilt werden können?

Auf diese Fragen zutreffende und zugleich praktikable Antworten zu finden, die außerdem mit den grundlegenden Rahmenbedingungen von Prüfungen in unserem Bildungssystem konform gehen, ist nicht einfach – vielleicht auch ohne Anpassung der Rahmenbedingungen gar nicht möglich. Es ist daher nicht verwunderlich, dass handlungsorientierte Leistungskontrollen und Prüfungen, obwohl seit einigen Jahren in der Entwicklung und Erprobung befindlich, sich noch nicht breit durchgesetzt haben. Gleichwohl sind ihre weitere Entwicklung wichtig, um Kontrollen und Prüfungen von einem Instrument der Selektion zu einem Instrument der Förderung der Lernenden bzw. Auszubildenden zu machen. Denn die moderne Arbeitswelt fordert nicht mehr eine Verteilung von Arbeitskräften auf vorhandene Arbeitsplätze, sondern Entwicklungsfähigkeit auf sich ständig wandelnden Arbeitsplätzen mit neuen Anforderungen und in neuen organisatorischen Anordnungen.

4 Kriterien für handlungsorientierte Prüfungen

Die Vorüberlegungen und Fragen zur Konzeptualisierung handlungsorientierter Prüfungen zeigen, dass handlungsorientierte Prüfungen, die einer Diagnose und Prognose der individuellen Entwicklung beruflicher Handlungskompetenzen in Bezug auf die tatsächlichen und zunehmend komplexeren Anforderungen moderner Berufsarbeit einigermaßen gerecht werden wollen, einen hohen Komplexitätsgrad haben und bewältigen müssen. Denn – wie ausgeführt – eine einfache Kenntnis- und Fertigkeitsprüfung genügt den Ansprüchen handlungsorientierter Prüfungen in gar keiner Weise. Trotz des zu bewältigenden hohen Komplexitätsgrades müssen die Verfahren und Instrumente handlungsorientierter Prüfungen gleichwohl praktikabel bleiben und dürfen keinen Mehraufwand verursachen. Und sie dürfen vor allem auch nicht zu ungerechten Beurteilungen führen, weder von Gruppen noch von Einzelnen.

Zudem dürfen die zu entwickelnden Prüfungsverfahren nicht dazu führen, dass auf sie die Ausbildung zugeschnitten wird. Dies würde in der Konsequenz zu einer Erstarrung der Ausbildungskonzepte und damit auch der Kompetenzentwicklung führen. Vielmehr müssen umgekehrt die Prüfungsmethoden den Grundsätzen und der Entwicklung der Ausbildung folgen. Dazu wurden in den letzten Jahren eine Reihe von Kriterien für die Konzeptualisierung handlungsorientierter Prüfungen entwickelt und diskutiert, die im Folgenden von uns zu einem Kriterienkatalog zusammengestellt werden (vgl. dazu u.a. Friede 1996, S. 10; Schmidt 1997, S. 401; Schmidt 1998, S. 18; Walter 1996, S. 27). Handlungsorientierte Prüfungen sollten wie folgt gestaltet sein:

1. praxisorientiert;
   Prüfungsaufgaben sollen aus der Erfahrungswelt des Arbeitsalltags stammen.

2. anforderungsgerecht;
   Prüfungsaufgaben müssen die zentralen Anforderungen repräsentieren, die in einem Beruf vorkommen.

3. vollständig;
   Prüfungsaufgaben müssen alle Phasen eines Handlungsvollzuges zu einer innovativen Lösung erfordern, d.h. sie müssen in einem konstruktiven Gestaltungsprozess zu bearbeiten sein.

4. integriert;
   Prüfungsaufgaben müssen von komplexen Aufgabenstellungen ausgehen, die geistige und praktische Operationen erfordern und die mehrere Wissensdisziplinen umfassen; und sie müssen schriftliche und mündliche Prüfungsteile einschließen.

5. selbstständig;
   Prüfungsaufgaben müssen es dem zu Beurteilenden ermöglichen, im Rahmen des Bearbeitungsprozesses der Prüfungsaufgaben selbstständig Teilziele setzen und begründen zu können. Dies schließt notwendig ein, dass die zu Beurteilenden an der Bestimmung der Erfolgskriterien mitwirken können.

6. kooperativ;
   Prüfungsaufgaben müssen kooperative Leistungen verlangen. Dabei ist begleitend eine Projekt- oder Leistungsdokumentation zu führen, damit die Beiträge der Einzelnen zur Gruppenleistung sichtbar und beurteilbar werden.

7. beteiligt;
   Eine den tatsächlich herausgebildeten subjektiven Handlungskompetenzen eines Auszubildenden gerecht werdende Beurteilung erfordert zwingend die Beteiligung des Beurteilten. Sie sollen damit auch ein Gefühl für die selbstständige Beurteilung der Qualität ihrer Arbeit und ihrer Handlungskompetenzen bekommen.

8. reflektiert;
   Eine vom Beurteilten selbst vorgenommene Qualitätskontrolle darf sich nicht nur auf das Arbeitsprodukt beziehen, sondern muss den Planungs- und Arbeitsprozess einschließen. Die bei dieser Reflexion und Selbstbewertung zutage tretenden subjektiven Interpretationen sind bei der Fremdbeurteilung zu berücksichtigen.

9. transparent;
   Die Bewertungskriterien und die Beteiligung der Auszubildenden an der Kriteriendefinition müssen transparent und nachvollziehbar sein. – Damit wird der Forderung der Wahrheit von Prüfungen Rechnung getragen und zugleich die mit Prüfungen traditionell immer auch verbundene Herrschaftsfunktion zurückgewiesen.

10. objektiv;
Natürlich müssen Prüfungen objektiv sein und den anderen gängigen Gütekriterien, wie Gültigkeit, Vergleichbarkeit, Zuverlässigkeit Rechnung tragen.

11. tragbar;
Handlungsorientierte Prüfungen müssen organisierbar sein und der erforderliche Sach-, Zeit- und Personalaufwand muss sich in Grenzen halten und finanzierbar bleiben. Das heißt, alle Aufwendungen dürfen gemessen am erhaltenen Gebrauchswert der Prüfungsresultate nicht wesentlich größer sein als bisher.

5 Methoden handlungsorientierter Prüfungen

Seit einiger Zeit werden eine Vielzahl methodischer Konzepte für handlungsorientierte Prüfungen entwickelt. Insbesondere die Integration begleitender oder abschließender handlungsorientierter Prüfungen in offene und projektorientierte Lern- und Ausbildungsarrangements stellt besonders zugespitzte Ansprüche an die Entwicklung von Prüfungsverfahren und Prüfungsinstrumenten. Dazu wurde im Juni 2002 an der Universität der Bundeswehr Hamburg ein Fachworkshop veranstaltet. Dort haben ausgewählte Praxisprojekte haben ihre Konzepte, Erfahrungen, Probleme und möglichen Lösungswege für die Realisierung handlungsorientierter Prüfungen zur Diskussion gestellt. Die Ergebnisse sind in diesem Band mit den ausgearbeiteten Beiträgen dokumentiert. Die reflektierten Best-Practice-Beispiele spiegeln sowohl die Einschätzung und Beurteilung von Lernleistungen in offenen und projektorientierten Lern- und Ausbildungsarrangements sowohl in der Schule als auch im betrieblichen Umfeld wider. Dabei zeigt sich deutlich, dass die zentrale Frage „Wer bestimmt den Lernerfolg?" durchaus facettenreich ist und verschiedene Interpretationen und Beantwortungen erlaubt.

Bestimmung des Lernerfolges

Zunächst wird nach der *Bestimmung* des Lernerfolges, also des Beurteilungsobjektes gefragt. Wie ist das Konstrukt „Lernerfolg" in offenen, projektförmigen Lernarrangements zu definieren? Was soll beurteilt werden? Und mit welchem Ziel geschieht dies?

Die vorliegenden Beiträge nähern sich diesen Fragen in unterschiedlicher Art und Weise. Die Beiträge von Sebastian Walzik, Katja Lenz und Jürgen Maßon stellen zunächst die Frage des Beurteilungsobjektes in den Mittelpunkt. Wer oder was wird überhaupt mit welchem Ziel beurteilt?

Anne Busian, Jürgen Maßon und Ingo Penk widmen sich in ihren Beiträgen verstärkt der Frage der Zielrichtung von Leistungsbeurteilung. Dienen Einschätzungs- und Beurteilungsinstrumente der Leistungsmessung oder der Lernfortschrittsmessung? Sind sie als Mittel der Kompetenzförderung zu betrachten? Sollen sie als Anregung zur Selbstreflexion dienen?

Gabriele Herold widmet sich dem Instrument der Selbstevaluation im Kontext des Erwerbs von Selbstständigkeit und fragt, was es als Beurteilungsinstrument zu leisten vermag, welche Ziele damit verfolgt werden können und welche Methoden der Selbstevaluation existieren.

Messung des Lernerfolges

„Wer bestimmt den Lernerfolg?" impliziert aber ebenso die Frage nach der Messbarkeit von Lernerfolg. Ist das Was geklärt, so ist das Wie und das Wer zu bestimmen. Wie – anhand welcher Kriterien und mit welchen Instrumenten – kann Lernerfolg gemessen werden? Wer misst den Lernerfolg? Wer beobachtet und beurteilt das, was später als Lernerfolg „auf der Verpackung" steht? Und wer ist letztlich kompetent zu messen? Wer nimmt die Einschätzung vor? Wer beurteilt? Wer erfasst die Kompetenzen? Alle Beiträge bieten aus ihrem jeweiligen Blickwinkel heraus Antworten auf diese Fragen.

Anne Busian fragt darüber hinaus in ihrem Beitrag, wie die Einschätzung von Projektarbeit in Industriemechaniker-Fachklassen methodisch zu gestalten ist und welche Folgen Einschätzungen haben können. Darüber hinaus greift sie die Bedeutung und Besonderheit von Beurteilungsgesprächen ebenso auf wie die Frage, inwieweit Einschätzungsinstrumentarien in der Lernortkooperation eingesetzt werden können.

Sebastian Walzik nähert sich diesem Thema mit der Frage, welche Anforderungen an die Beurteilung gestellt werden, wobei sein Fokus auf der Beurteilung sozialer Kompetenzen liegt. Dabei greift er im Besonderen die Probleme auf, die Verhaltensbeobachtungen und Beobachtungsverfahren mit sich bringen. Seine zentralen Fragen lauten: Welche Maßstäbe werden bei der Beurteilung angelegt? Wann und wie (häufig) wird beurteilt? Durch wen soll die Beurteilung erfolgen? Ebenso wichtig erscheint ihm die Bedeutung von Evaluations- und Bewertungsstandards.

Ingo Penk bietet als Antwort ein Konzept, in dem Fremd- und Eigenbewertungen gleichermaßen wichtig sind. Dabei stellt er besonders heraus, dass Möglichkeiten eines verantwortungsbewussten Umgangs mit Eigenbewertungen zu suchen sind. Darüber hinaus diskutiert er, welchen pädagogischen, didaktischen und methodischen Anforderungen das entwickelte Bewertungskonzept genügen sollte. Schließlich orientiert er sich an der Frage, ob Beobachtung und Bewertung getrennt voneinander erfolgen sollten.

Der Beitrag von Katja Lenz spiegelt eine pragmatische Vorgehensweise wider, die sich um die Beantwortung folgender Fragen dreht: „Wie werden die Kompetenzen erfasst? Wann werden Kompetenzen erfasst?" und „Wer erfasst die Kompetenzen?"

Lernerfolg bedeutet Handlungserfolg

„Wer bestimmt den Lernerfolg?" beinhaltet schließlich auch noch eine dritte Dimension: Der Lernerfolg ist heute eng konnotiert mit Handlungserfolg im späteren Berufsleben. Der Erwerb beruflicher Handlungskompetenz erscheint im Kontext sich ständig wandelnder Anforderungen an den Einzelnen als zentrales Lernziel. Dabei rücken neben fachlichen vor allem überfachliche Qualifikationen in den Mittelpunkt des Arbeits- und Lernprozesses.

Für die Gestaltung offener und projektorientierter Lernarrangements werden dabei zwei zentrale Fragen verfolgt: Welche Bedeutung kommt überfachlichen Qualifikationen zu? Wie können sie bewertet werden?

Frank Elster diskutiert in seinem Beitrag die Notwendigkeit neuer Einschätzungs- und Beurteilungsinstrumente für selbstorganisierte Lern- und Arbeitsformen in Juniorenfirmen. Ausgehend von der Fragestellung, vor welchen Anforderungen der Einzelne im Berufsleben durch den Einzug von E-Business steht, stellt er die Bedeutung überfachlicher Qualifikationen und die Relevanz neuer Beurteilungsverfahren dar.

Jürgen Maßon erörtert die Bedeutung von Schlüsselqualifikationen im Verhältnis zu fachlichen Qualifikationen im Rahmen betrieblicher Ausbildung und Katja Lenz diskutiert die Erfassung von Kompetenzen jenseits der Fachkompetenz bei kaufmännischen Berufsschülern/-innen. Darüber hinaus geht sie der Frage nach, warum Kompetenzen überhaupt erfasst werden.

Ingo Penk hinterfragt im Rahmen eines Zwillingsmodellversuchs Möglichkeiten lernortübergreifender Entwicklung und Beurteilung von Teamfähigkeit und kooperativer Berufsorientierung. Dabei stellt er zunächst die Frage in den Mittelpunkt, was genau unter Teamfähigkeit zu verstehen ist. Im Hinblick auf die Entwicklung und Erprobung von Beurteilungsinstrumenten erläutert er die Problematik der geeigneten Auswahl und Formulierung von Bewertungskriterien und Indikatoren insbesondere für überfachliche Qualifikationen.

Sebastian Walzik versucht in seinem Beitrag zu klären, welchen Besonderheiten die Beurteilung von Sozialkompetenzen in der beruflichen Erstausbildung unterliegt. Er orientiert sich dabei an folgenden Leitfragen: Wie soll die Beurteilung erfolgen bzw. welche Art der Beurteilung erscheint sinnvoll? Welche Verfahren der Verhaltensbeobachtung werden unterschieden?

Jeder der Beiträge thematisiert auf seine Art und Weise, dass die Entwicklung offener und projektorientierter Lern- und Ausbildungsarrangements nicht nur ein Umdenken in der didaktisch-methodischen Gestaltung erforderlich macht, sondern dass ebenso die Entwicklung angemessener Einschätzungs- und Beurteilungsverfahren für Lernprozesse und Lernergebnisse für den Erfolg der beruflichen Kompetenzentwicklung von erheblicher Bedeutung ist. Dass es hierfür nicht nur einen „richtigen" Weg gibt, zeigt die Spannbreite der Best-Practice-Beispiele.

Literatur

DÖRNER, D/KREUZIG, H. W. (1983): Über die Beziehung von Problemlösefähigkeiten und Maßen der Intelligenz. In: Psychologische Rundschau, 34. Jg., S. 185-192.

EBBINGHAUS, M./SCHMIDT, J. U. (1999): Prüfungsmethoden und Aufgabenarten. Bielefeld: W. Bertelsmann Verlag.

FOUCAULT, M. (1979): Überwachen und Strafen. Die Geburt des Gefängnisses. Frankfurt/Main: Suhrkamp Taschenbuch Verlag, 3. Aufl., 370 S. (Übersetzt von Walter Seitter).

FRIEDE, C. K. (1996): Beurteilung beruflicher Handlungskompetenz. In: Berufsbildung, H. 38, S. 5-10.

HOLZKAMP, K. (1983): Grundlegung der Psychologie. Frankfurt/Main, New York: Campus Verlag, 600 S.

HOLZKAMP, K. (1993): Lernen. Subjektwissenschaftliche Grundlegung. Frankfurt/Main, New York: Campus Verlag, 592 S.

KÜPPERS, B./LEUTHOLD, D./PÜTZ H. (2001): Handbuch Berufliche Aus- und Weiterbildung. Leitfaden für Betriebe, Schulen, Ausbildungsstätten und Hochschulen. München: Verlag Franz Vahlen, 480 S.

MÜLLER, N. (1996): „Handlungskompetenz" in den kaufmännischen Abschluß- und Zwischenprüfungen. In: Berufsbildung, H. 38, S. 34-36.

SCHMIDT, J. U. (1997): Handlungsorientierte kaufmännische Prüfungen: Utopie oder bereits Realität? In: Wirtschaft und Erziehung, H. 12, S. 399-403.

SCHMIDT, J. U. (1998): Neue Abschlussprüfungen: praxisnah, handlungsorientiert, integriert, ganzheitlich!? In: Berufsbildung in Wissenschaft und Praxis, H. 3, S. 17-23.

SCHMIDT, J. U. (2000a): Handlungsorientierte Prüfungen. In: CRAMER, G./KIEPE, K. (Hrsg.), Jahrbuch Ausbildungspraxis 2000. Köln: Fachverlag Deutscher Wirtschaftsdienst, S. 172-184.

SCHMIDT, J. U. (2000b): Erfassen neue Prüfungsformen wirklich berufliche Handlungskompetenz? In: Berufsbildung in Wissenschaft und Praxis, 29. Jg., H. 2, S. 11-16.

WALTER, J. (1996): Gestaltung handlungsorientierter Lernerfolgskontrollen. In: Berufsbildung, H. 38, S. 26-28.

FRANK ELSTER

Beurteilung selbstorganisierter Lern- und Arbeitsprozesse in Juniorenfirmen

Neue Formen der Arbeitsorganisation, die mit den Begriffen Entgrenzung und Virtualisierung umschrieben werden, fordern neue didaktische Methoden und Konzepte zum Erwerb der hierfür benötigten Kompetenzen. Neue Methoden didaktischen Handelns verlangen wiederum nach neuen Konzepten zur Beurteilung der Lernleistungen. Die Beurteilungs- und Einschätzungsinstrumente müssen der didaktischen Vorgehensweise angemessen sein, wenn der Erfolg innovativen didaktischen Handelns unterstützt und nicht konterkariert werden soll. Der folgende Artikel fragt nach Beurteilungskonzepten für selbstorganisierte Lern- und Arbeitsformen in Juniorenfirmen, die auf dem Wege digitaler Vernetzung den Erwerb von Kompetenzen für das E-Business sowie unternehmerischen Denkens und Handelns ermöglichen sollen.

Einleitung

Wirft man einen Blick in die arbeitssoziologische und berufspädagogische Literatur der letzten Jahre, so wird Eines zumindest deutlich: Die Welt der Arbeit ist im Wandel begriffen.[1] Eine Tendenz dieses Wandels ist Gegenstand des Modellversuchs JeeNet, von dessen Vorgehensweise und Erfahrungen im Folgenden berichtet wird: Die zunehmende zeitliche und räumliche Entgrenzung der Arbeit (vgl. Voß 1998), die durch deren Virtualisierung eine beträchtliche Ausweitung erfährt (vgl. Reichwald & Hermann 2001), bringt eine Reihe neuer Anforderungen an die Beschäftigten mit sich (vgl. Zimmer 2002). Unter dem Stichwort *E-Business* werden sich wandelnde Arbeitsprozesse zusammengefasst, die dieser Virtualisierung entspringen und die neue Anforderungen an die Beschäftigten stellen. Im Folgenden wird zunächst dargestellt, welche Anforderungen hierzu zu zählen sind (Abschnitt 1), um daran

---

[1] Ein umfassender Überblick hierüber ist im vorliegenden Rahmen nicht zu leisten und ist auch nicht Gegenstand dieses Artikels. Eine gute Übersicht hierzu aus soziologischer Perspektive liefern folgende Sammelbände: Baecker 2002; Dostal/Kupka 2001; Engelmann/Wiedemeyer 2000; Kocka/Offe 2000; Kurz 2001.

anschließend didaktische Schlussfolgerungen aus diesen Anforderungen zu ziehen (Abschnitt 2), die wiederum neue Einschätzungs- und Beurteilungsinstrumente erfordern (Abschnitt 3). In einem letzten Schritt (Abschnitt 4) wird gezeigt, dass gerade diese neuen Einschätzungskonzepte nicht nur der Beurteilung dienen, sondern auch und insbesondere den *Erwerb* der geforderten Kompetenzen unterstützen.

1 Neue Formen von Arbeitsorganisation bedingen neue Anforderungen an die Beschäftigten

Die Virtualisierung von immer mehr Bereichen der Arbeitswelt greift in der Tendenz in die gesamte Wertschöpfungskette und einen Großteil der Arbeitsprozesse ein und führt zu spezifischen Anforderungen an die jeweiligen Berufsgruppen. Daneben lassen sich jedoch auch Querschnittsanforderungen benennen, die berufs- und tätigkeitsübergreifend für die Beschäftigten von Bedeutung sind. Ziel des Modellversuchs JeeNet ist die Entwicklung und Erprobung von Konzepten für den Erwerb von Kompetenzen, die sich aus solchen Querschnittsanforderungen für kaufmännische Beschäftigte ergeben.[2]

Die zwei empirischen Untersuchungen, die zum Thema Anforderungen an kaufmännische Beschäftigte im Bereich E-Business vorliegen (vgl. Dorn u.a. 2001; Rein 2001) kommen in weiten Teilen zu übereinstimmenden Ergebnissen und decken sich größtenteils mit theoretischen Überlegungen zu Kompetenzanforderungen durch virtuell vernetzte Formen der Arbeitsorganisation (vgl. Zimmer 2002).

Die genannten Autoren stellen umfassende Fachkompetenzen für den kaufmännischen und den IT-Bereich, Medienkompetenzen, sozial-kommunikative Kompetenzen vor allem auch für virtuelle Teams, Entscheidungskompeten-

---

[2] Auch die umfassende Darstellung dieses Modellversuchs würde den Rahmen dieses Artikels sprengen und dessen Ziel verfehlen; vgl. zum Modellversuch JeeNet Rouvel/Elster 2002; Audem u.a. 2002. Aktuelle Informationen finden sich auch auf der Homepage des Modellversuchs www.jeenet.de. Die in diesem Artikel vorgestellten Instrumente zur Selbst- und Fremdeinschätzung befinden sich zum Teil noch in der Phase der Implementation oder Erprobung, auf eine umfassende Darstellung empirischer Ergebnisse und Erfahrungen mit diesen Konzepten im Modellversuch muss daher verzichtet werden.

zen, Branchen-Know-how und Kontext- und Prozesswissen heraus.[3] Schaut man sich die genannten Kompetenzen genauer an, so fallen einige grundlegende Schwerpunkte auf, die in Bezug auf die didaktischen Möglichkeiten zum Erwerb dieser Kompetenzen, insbesondere aber hinsichtlich deren Einschätzung und Beurteilung besondere Ansprüche stellen. Gerade in Bezug auf diese Schwerpunkte vermag das vorzustellende Konzept nicht nur die Beurteilungsmöglichkeiten zu verbessern, sondern zugleich auch den Erwerb dieser Kompetenzen zu fördern.

Selbstlernkompetenzen

Zunächst mag es erstaunen, dass bei den folgenden Schwerpunkten fachliche Kompetenzen fehlen. Das heißt nun keineswegs, dass ihnen eine untergeordnete Rolle beizumessen ist – im Gegenteil: Der rasante technische Fortschritt verlangt hochwertiges Fachwissen. Für die Internettechnologien spricht die Literatur inzwischen von Innovationszyklen von wenigen Monaten (vgl. Hermanns/Sauter 2002, 21).[4] Dies bedeutet aber zugleich, dass fachliches Wissen nicht mehr auf „Vorrat" vermittelt und gelernt werden kann. Es ist vielmehr von entscheidender Bedeutung, dass die Beschäftigten in die Lage versetzt werden, selbstständig und eigenverantwortlich den für ihre beruflichen Tätigkeiten notwendigen Bedarf an fachlichem Wissen zu erkennen und sich anzueignen. Aus diesem Grund ist der Erwerb von Selbstlernkompetenzen die notwendige Antwort auf den raschen Zuwachs und den schnellen Aktualitätsverlust heutigen Wissens.

Kundenorientierung

Die Dezentralisierung und Entgrenzung von Arbeitsvollzügen hat für kaufmännische Beschäftigte eine entscheidende Konsequenz: Die Orientierung am Kunden ist „eine *betriebliche Querschnittsaufgabe* und betrifft alle Mitarbeiter: Nur durch die Einbindung aller betrieblichen Funktionen und der in ihnen tätigen Mitarbeiter kann CRM [Customer Relationship Management; F.E.]

---

[3] Zu einer ausführlichen Zusammenstellung der für das E-Business erforderlichen Kompetenzen vgl. Elster 2002.

[4] Ähnliches wird auch an anderer Stelle beschrieben, ohne sich dabei auf den Bereich der Internettechnologien zu beschränken; vgl. Bundesministerium für Bildung und Forschung 1998, 19ff. und passim; Voß 2000, 156ff.

realisiert werden" (Dorn u.a. 2001, 102). Dies ist sowohl bei der Beziehung zum Endkunden wie zu Geschäftspartnern und Lieferanten von Bedeutung – im E-Business ist die Konkurrenz meist nur einen Mouseklick entfernt.

Unternehmerisches Denken und Handeln: Entscheidungskompetenzen und Selbstmanagement

Geschäftsprozesse im E-Business zeichnen sich nicht nur durch Dezentralisierung und Entgrenzung aus, sie werden auch „vielfältiger und komplexer" (ebd., 103). Als Folge dieser Entwicklung wird „den Mitarbeitern in den Fachabteilungen [...] größere Verantwortung für die Geschäftsprozesse in ihrem Zusammenhang übertragen" (ebd.). Das heißt, Verantwortungs- und Entscheidungsfähigkeit sind von allen Beschäftigten gefordert. „Damit verlagert sich die Notwendigkeit von *unternehmerischem Denken und Handeln* [...] in wachsendem Umfang auf die operative Ebene" (ebd.). Erweiterte Handlungs- und Entscheidungsbefugnisse sowie ein größerer Verantwortungsbereich münden ebenso wie die geforderten Selbstlernkompetenzen in die Anforderung an die Beschäftigten, ihr eigenes Handeln selbstständig zu organisieren und ihren Tätigkeits- und Aufgabenbereich selbstständig zu managen.

Sozialkompetenzen für virtuelle Teams

Dorn u.a. (ebd., 101f.) und Rein (2001, 16) gehen übereinstimmend davon aus, dass durch den Einsatz moderner Kommunikations- und Informationssysteme die Bedeutung sozialer und kommunikativer Kompetenzen erheblich zunehmen wird. Der Grund hierfür liegt zum einen in der vermehrt kooperativen, teamorientierten und projektförmig strukturierten Organisation der Arbeit, die hiermit verbunden ist, zum anderen in den Ansprüchen virtueller Kooperation: „Die Virtualisierung der Arbeit stellt höhere Anforderungen an die Kommunikationskompetenzen" (Zimmer 2002, 87). Ein Erweiterung sozialer Kompetenzen in Richtung einer *virtuellen Teamfähigkeit* ist somit erforderlich.[5]

---

[5] Ein erster Versuch, soziale Kompetenzen für virtuelle Teams näher zu bestimmen, wird in Elster/Dippl (in Vorbereitung) vorgenommen.

Fähigkeit zur Reflexion und Gestaltung

„Informationsarbeit bzw. Arbeit im digitalen ‚Informationsraum' ist grundsätzlich reflexive Arbeit – also Arbeit, die nicht mehr vollständig nach Anweisung und Ausführung auf verschiedene Personen aufgeteilt werden kann" (ebd., 86). Derartige Arbeit wird zur „Arbeit an der Gestaltung der Prozesse" (ebd.), womit deren „permanente Reflexion und Reorganisation" (ebd.) zur entscheidenden Aufgabe von Beschäftigten in virtuell kooperativen Arbeitszusammenhängen wird. Damit schließt sich der Kreis: Die Fähigkeit zur Gestaltung und Reflexion der Arbeitsprozesse bezieht sich auf die Ansprüche des jeweiligen Kunden, bedarf der Kompetenz, benötigte Kenntnisse und Fähigkeiten selbstorganisiert zu identifizieren und sich anzueignen und erfordert Entscheidungskompetenzen und Verantwortungsfähigkeit.

Dass solchermaßen komplexe und reflexive Kompetenzen nicht auf dem Wege der Instruktion vermittelt werden können, liegt auf der Hand. Es bedarf vielmehr handlungs- und arbeitsprozessorientierter, realitätsnaher und ganzheitlicher Lernarrangements zum selbstorganisierten Erwerb dieser Kompetenzen.

2 Erweiterte, komplexe und reflexive Kompetenzen erfordern neue didaktische Methoden

Handlungs- und projektorientierte didaktische Methoden haben inzwischen Einzug in weite Teile der beruflichen Bildung gehalten. Um den aufgezeigten Anforderungen an kaufmännische Beschäftigte im Bereich E-Business mit einem angemessenen didaktischen Instrumentarium Rechnung zu tragen, nehmen wir diese didaktischen Grundlagen auf und erweitern sie in dreierlei Hinsicht: Die Kundenorientierung und die Realitätsnähe erreichen wir mit der *Juniorenfirma*, die Intensivierung und Systematisierung der Lernprozesse mit der *Arbeitsprozessorientierung*, den Erwerb von kooperativen und kommunikativen Kompetenzen für virtuelle Teams sowie von Medienkompetenzen mit der *virtuellen Vernetzung*.

Juniorenfirma

Die Juniorenfirma verbindet eine selbstorganisierte und handlungsorientierte Lern- und Arbeitskultur mit realen – nicht simulierten! – Kunden, Aufträgen,

Geld- und Warenströmen. Dabei dominiert die Ebene des konkreten, an dem jeweiligen Auftrag orientierten Arbeits*prozesses* deutlich gegenüber der Ebene einer Unternehmens*struktur* (vgl. Tramm/Gramlinger 2002, 102 ff.). Die Orientierung am konkreten Ziel – der (auch ökonomisch) erfolgreichen Bearbeitung des jeweiligen Auftrags – steuert den Arbeitsprozess. Hiermit kann der vielfach eingeforderten Arbeitsprozessorientierung (vgl. Baitsch 1998) in idealer Weise entsprochen werden. Dementsprechend haben sich die im Modellversuch JeeNet beteiligten Juniorenfirmen eine projektförmige Struktur gegeben, in der neben einigen festen Projektgruppen (Finanzen, Administration, Öffentlichkeitsarbeit) Projektgruppen für jeden Auftrag gebildet werden.

Arbeitsprozessorientierung

Wie aber lässt sich das Lernen und Arbeiten in der Juniorenfirma soweit systematisieren und wie lässt sich der Erwerb wichtiger Inhalte soweit sicher stellen, dass kalkulierbare Kompetenzgewinne erzielt werden können?[6] Im Modellversuch JeeNet wurde in Anlehnung an das Konzept der arbeitsprozessorientierten Weiterbildung in der IT-Branche (vgl. Rohs/Büchhele 2002) ein Instrumentarium erarbeitet, mithilfe dessen die Arbeits- und Lernprozesse in Juniorenfirmen systematisiert und intensiviert werden können: Wir haben einen idealtypischen Auftragszyklus für Projekte im Bereich E-Business formuliert und auf einer virtuellen Kommunikations- und Kooperationsplattform abgebildet. Jedem Schritt in diesem Auftragszyklus wurden Lernhilfen zur Strukturierung und Intensivierung des Arbeits- und Lernprozesses zugeordnet. Hierbei handelt es sich um kurze Online-Selbstlernsequenzen – so genannte Web Based Trainings (WBTs) –, Checklisten, Leitfäden etc., mithilfe derer sich die Lernenden problemorientiert das jeweils benötigte Wissen selbstständig erarbeiten können.

Virtuelle Vernetzung

Die genannte virtuelle Kooperations- und Kommunikationsplattform dient zudem der virtuellen Vernetzung der Juniorenfirmen. Die Lernenden bearbeiten die Aufträge arbeitsteilig innerhalb virtueller, juniorenfirmenübergreifender Teams. Die virtuelle Bearbeitung realer Aufträge ebenso wie die virtuelle

---

[6] Zur didaktischen Erweiterung des Konzepts der Juniorenfirma vgl. ausführlich: Dippl/Elster 2003.

Kooperation beim Lernen erweitern die didaktischen Möglichkeiten der Juniorenfirma und der Arbeitsprozessorientierung erheblich:

- Die vollständige Bearbeitung unter Umständen sehr komplexer realer Aufträge führt zu einer ganzen Reihe von Kommunikationsanlässen im Netzverbund.

- Die selbstverantwortlich gestaltete Kooperation ergibt sich somit quasi als Notwendigkeit.

- Hiermit wird die intensive Nutzung einer Vielzahl von Kommunikationsmedien initiiert.

- Team-, Kommunikations- und Kooperationsfähigkeit werden auf diese Weise innerhalb des Arbeitsprozesses erworben.

3 Neue Qualifikationsanforderungen und neue didaktische Methoden erfordern adäquate Instrumente zur Beurteilung des Lernerfolgs

Die selbstorganisierte und ergebnisoffene Lern- und Arbeitsweise von Juniorenfirmen stellt ebenso wie die Orientierung an Arbeitsprozessen völlig neue Anforderung an die Beurteilung und Bewertung des Lernerfolgs. Dasselbe gilt für die genannten Anforderungen an die Beschäftigten: Selbstorganisation, Selbstmanagement, Entscheidungs- und Verantwortungsfähigkeit lassen sich ebenso wenig in standardisierbarer Weise erfassen wie die Fähigkeit zu virtueller Kooperation und Kommunikation und die Kompetenz, sich aktuell benötigtes Fachwissen selbstständig anzueignen. Diese Anforderungen verlangen in erster Linie die Fähigkeit des Einzelnen, sich und seine Arbeits- und Lernleistungen eigenverantwortlich, selbsttätig und selbstreflexiv einzuschätzen – wie sonst sollte selbstorganisiertes Lernen in Eigenverantwortung gelingen?[7]

---

[7] In der Literatur zu arbeitsprozessorientierten Lernarrangements wird dementsprechend der Reflexion und Selbsteinschätzung des eigenen Lern-, Arbeitsprozesses und Lernerfolgs durchgehend eine prominente Stellung eingeräumt, vgl. hierzu beispielsweise Baitsch 1998, Staudt/Kley 2001, Straka 2001.

Diesen Überlegungen entsprechend muss es grundsätzlich darum gehen,

- sowohl den Arbeits*prozess* als auch das Arbeits*ergebnis* zu bewerten,
- die Fähigkeit zur *Selbsteinschätzung* zu fördern und
- sich an den *realen* Arbeits- und Geschäftsprozessen zu orientieren.

Um diesen Anforderungen zu entsprechen, sind eine Reihe von Bedingungen zu erfüllen:

- Die Fähigkeit zur Selbsteinschätzung bedarf eines Verständnisses für die Qualität der eigenen Arbeit und entwickelt sich nur auf der Basis von Feedback.
- Demnach muss durch verschiedene Formen von Feedback ein Reflexionsprozess bei dem Lernenden initiiert werden.
- Dieser Reflexionsprozess muss den realen Aufträgen und Geschäftsprozessen entspringen.
- Um sowohl den Prozess als auch das Ergebnis in die Einschätzung einfließen zu lassen, müssen mehrere Stellen im Arbeitsprozess als Anlass zur Reflexion und für Feedback identifiziert werden.

Um diese Anforderungen zu erfüllen, orientieren wir uns im Modellversuch JeeNet an Instrumenten des Projektmanagements und an Formen von Feedback, die sich aus dem Konzept der Juniorenfirma ergeben: Zur Strukturierung und Planung der Auftragsbearbeitung wird ein *Pflichtenheft* eingesetzt (1); der Reflexion des eigenen Lernprozesses dient ein *Lerntagebuch* (2); um den Fortgang der Auftragsbearbeitung zu reflektieren, werden *Statusnotizen* eingesetzt (3); *Feedback* wird zunächst von *Kunden* eingeholt (4); letztlich wird der Gesamtprozess in Form eines *Feedbackgesprächs* reflektiert (5).

(1) Das Pflichtenheft

Pflichtenhefte dienen traditionell der Planung und Strukturierung des Arbeitsprozesses. Sie sind Bestandteil des Vertrags zwischen der Juniorenfirma und dem jeweiligen Kunden; alle zu erfüllenden Tätigkeiten und Arbeitsschritte (Pflichten) werden im Pflichtenheft nebst einzuhaltender Termine festgehalten. Somit handelt es sich hierbei um eine Form der Zielvereinbarung.

Auf diese Weise hat der mit der Auftragsbearbeitung befasste Lernende die Möglichkeit, den Fortgang der eigenen Arbeit eigenverantwortlich einzuschätzen und zu bewerten. Er kann selbstständig kontrollieren, inwieweit sein Arbeitsprozess dem geplanten Stand entspricht, an welchen Stellen nachzubessern ist und ob die vereinbarten Ziele erreicht wurden.

Der Fokus liegt hier eindeutig auf der Reflexion des *Arbeits*prozesses. Nun kann man einerseits davon ausgehen, dass eine erfolgreiche Auftragsbearbeitung einen erfolgreichen Lernprozess impliziert – nicht umsonst spricht man bei arbeitsprozessorientierten Lernarrangements von *implizitem* Lernen. Auf der anderen Seite erfordert die dauerhafte Überführung eines impliziten Lernprozesses in eine nachhaltige Verhaltensänderung jedoch die *Explikation* des impliziten Lernprozesses (vgl. Staudt/Kley 2001, 241; Straka 2001, 165). Demnach muss auch der *Lern*prozess reflektiert werden – hierzu dient das Lerntagebuch.

(2) Das Lerntagebuch

Eine umfassende Konzeptualisierung arbeitsprozessorientierten Lernens findet sich im neuen IT-Weiterbildungssystem, das maßgeblich vom Fraunhofer Institut für Software- und Systemtechnik im Auftrag des Bundesministeriums für Bildung und Forschung entwickelt wurde. Hier wird festgehalten, dass der „individuell notwendige fachliche, personale und soziale Lernbedarf [...] identifiziert und in einer Zielvereinbarung zwischen dem Mitarbeiter und dem Coach für den Lernprozess in den Arbeitsprozessen verabredet" wird (Rohs/Büchele 2002, 73). Dieser Vorgehensweise schließen wir uns an: In Form eines Lerntagebuchs wird zwischen den einzelnen Lernenden und Lehrenden eine Vereinbarung über Qualifizierungsziele und Möglichkeiten zu deren Erwerb geschlossen. In diesem Lerntagebuch können die Lernenden regelmäßig (beispielsweise täglich oder wöchentlich) ihre erledigten Arbeiten (in Anlehnung an das Pflichtenheft), die hierfür nötigen Lernschritte, die dabei abgelaufenen Lernprozesse und die erlangten Lernerfolge eintragen. Ebenso werden hier Probleme beim Lernen thematisiert, um zu einer möglichst umfassenden Reflexion des eigenen Lernens zu kommen.

Durch die Absprache mit den Lehrenden kann zweierlei sicher gestellt werden: Zum einen können die Lehrerinnen und Lehrer an den Schulen wichtige Inhalte, die curricular vorgegeben sind, in die Arbeit innerhalb der Juniorenfirma integrieren und auch Ausbilder in Betrieben können auf wichtige inhaltliche Vorgaben ihres Unternehmens achten. Zum anderen kann ein individuell auf den Lernenden zugeschnittene Zielvereinbarung helfen, seine persönlichen Potenziale und Stärken zu unterstützen und seine Schwächen zu kompensieren.

(3) Statusnotizen

Erfolgreiches Projektmanagement setzt eine regelmäßige Information des Kunden über den Stand der Bearbeitung seines Auftrags voraus. Grundlage hierbei ist der Abgleich zwischen den Vereinbarungen im Pflichtenheft und dem tatsächlichen Stadium der Auftragsbearbeitung.

Das Ziel der Erstellung von Statusnotizen in Bezug auf die Beurteilung und Reflexion der eigenen Arbeit ist ein zweifaches: Zum einen geht es darum, ein Verständnis für die eigene Verantwortung hinsichtlich der Auftragsbearbeitung beim Lernenden zu wecken. Rechenschaft gegenüber einem realen Kunden abzulegen ist hierbei deutlich motivationsfördernder als Rechenschaft gegenüber einem Lehrenden oder ausschließlich sich selbst. Zum zweiten ist ein Feedback vom Kunden das der Orientierung an realen Arbeitsprozessen angemessene Mittel. Statusnotizen sind in diesem Sinne eine Art Scharnier zwischen der Selbstreflexion über den eigenen Arbeitsprozess und der Orientierung am Kundenfeedback. Sinnvoll ist dieses Vorgehen aber nur dann, wenn auch explizit ein Kundenfeedback eingeholt wird.

(4) Kundenfeedback

Reale Geschäftsprozesse haben in letzter Instanz immer die Zufriedenheit des Kunden zum Ziel. Insoweit Juniorenfirmen sich in ihrer Arbeit an realen Geschäftsprozessen orientieren, ist Kundenfeedback der adäquate Weg der Rückmeldung über den Erfolg des Arbeitsprozesses. Das Wissen um die explizit einzuholende Einschätzung des Kunden steuert hierbei die Reflexion der Lernenden anhand von Pflichtenheft und Statusnotizen über den gesamten Arbeitsprozess hinweg.

Um diese Orientierung an der Kundenzufriedenheit bereits zu Beginn der Auftragsbearbeitung zu initiieren und damit die genannte Steuerungsfunktion der Kundenorientierung sicherzustellen, wird ein erstes Kundenfeedback bereits nach dem ersten Kundengespräch eingeholt. Um das Kundenfeedback zu systematisieren und die Kriterien des Feedbacks transparent zu gestalten, setzten wir im Modellversuch JeeNet einen standardisierten Kundenfeedbackbogen ein. Auf diese Weise wird den Lernenden bewusst, anhand welcher Kennzeichen Kundenzufriedenheit sich manifestiert. Zudem orientiert sich dieser Kundenfeedbackbogen an den Lernmaterialien, die im Modellversuch zur Vorbereitung auf Kundengespräche eingesetzt werden. Dies illustriert beispielhaft das Konzept des didaktischen Vorgehens im Modellversuch, mit dem wir zweierlei zu erreichen versuchen: Zum einen beziehen sich die eingesetzten Lernmaterialien und Reflexionsinstrumentarien aufeinander, sodass die hochkomplexe Lern- und Arbeitssituation in Juniorenfirmen an Kontur gewinnt. Zum anderen wird den Lernenden bewusst, dass sich die Qualität ihrer Arbeit an objektiven Qualitätskriterien misst, deren Erfüllung in ihrer eigenen Verantwortung liegt.

Ein zweites standardisiertes Kundenfeedback wird am Ende der Auftragsbearbeitung nach Abgabe des Auftrags eingeholt. Dieses Kundenfeedback dient der Beurteilung der gesamten Auftragsbearbeitung – also des Arbeitsprozesses – ebenso wie der Beurteilung des Arbeitsergebnisses. Die Kunden werden also sowohl danach befragt, inwieweit das Arbeitsergebnis ihre Erwartungen zufrieden stellt und den Vereinbarungen entspricht, als auch, inwieweit sich der Kunde optimal beraten, betreut und über den Fortgang der Arbeit mittels der Statusnotizen informiert gefühlt hat. Auch hier wird das Ineinandergreifen der verschiedenen eingesetzten Instrumente zur Selbstreflexion und Fremdeinschätzung deutlich.

Wichtig ist das Zusammenwirken beider Zeitpunkte des Kundenfeedbacks: Indem bereits zu Beginn der Auftragsbearbeitung die Orientierung an den realen Kundenwünschen durch das erste Kundenfeedback initiiert wird, entsteht bei den Lernenden ein Bewusstsein für die Qualitätskriterien, an denen sich ihre Arbeit bemisst. Die Perspektive auf das Kundenfeedback am Ende des Auftrags erlangt auf diese Weise eine besondere Steuerungsfunktion für die selbstorganisierte Arbeit und das selbstorganisierte Lernen der Junioren in „ihrer" Firma.

(5) Feedbackgespräche

Um gezielt den *Lern*erfolg zu reflektieren, sollten Feedbackgespräche mit den Lehrenden beziehungsweise den Betreuern der Juniorenfirmen möglichst kontinuierlich in den Lernprozess eingeflochten werden. Als Grundlage der Feedbackgespräche dienen die Zielvereinbarungen hinsichtlich der zu erwerbenden Qualifikationen, die im Lerntagebuch festgehalten wurden. Feedbackgespräche dienen der Unterstützung der Selbstreflexion der Lernenden, indem ihr Selbstbild mit der Fremdbeobachtung konfrontiert wird. Zudem können besondere Probleme im Lernprozess diskutiert werden. Letztlich können diese Gespräche in Verbindung mit dem Lerntagebuch und dem Arbeitsergebnis einer Gesamteinschätzung des Lernenden dienen, vor allem, da schulisches Lernen bis heute mittels Noten bewertet werden muss. Eine Bewertung auf der Grundlage von Feedbackgesprächen ist selbstorganisierten und arbeitsprozessorientierten Lernformen deutlich angemessener als andere Formen der Bewertung.

Feedbackgespräche können – und sollten! – aber auch zwischen den Lernenden stattfinden. Lernen und Arbeiten in Juniorenfirmen ist immer teamorientiert und kooperativ. Ein Feedback der Teammitglieder ist der Arbeit in Juniorenfirmen deutlich adäquater als Feedback nur von den Lehrenden. Dies vor allem deshalb, da die Junioren nicht nur eigenverantwortlich und selbstorganisiert handeln, sonder meist auch nicht oder nur sporadisch von den Lehrenden beobachtet werden. Lehrende nehmen in Juniorenfirmen die Rolle eines Lernberaters ein – sie sind Ansprechpartner für Fragen und Probleme und geben bei Bedarf fachliche Unterstützung, greifen aber kaum aktiv in die Prozesse der Juniorenfirma ein. Feedback von den Lehrenden kann sich daher weniger auf die konkreten Lern- und Arbeitsprozesse beziehen, sondern vor allem – wie dargelegt – auf die Ziele im Lerntagebuch. Feedback über die im Team ablaufenden Prozesse durch die anderen Teammitglieder ist nicht nur dem Lernen und Arbeiten in Juniorenfirmen angemessener, es wird von den Lernenden auch bereitwilliger angenommen.

4 Beurteilungsinstrumente, die die Selbstreflexion der Lernenden fördern, dienen dem Kompetenzerwerb

Lassen wir die in Abschnitt 2 genannten Schwerpunkte der Qualifikationsanforderungen, die aus neuen Formen von Arbeitsorganisation resultieren, nochmals Revue passieren, so wird deutlich, dass der Fähigkeit zu eigenständigem Gestalten von Arbeitsprozessen, zu selbstständigen Entscheidungen, zum Selbstmanagement und zur Selbstreflexion eine herausragende Stellung eingeräumt wird. Um diese Kompetenzen zu erwerben, wird selbstorganisierten Lernformen und arbeitsprozessorientierten Lernarrangements der Vorzug gegeben. Methoden und Konzepte zur Beurteilung des Lernerfolgs müssen dieses Lernen unterstützen.

Abschließend wollen wir uns diese unterstützende Funktion der vorgestellten Einschätzungsinstrumente anhand eines (fiktiven, aber der Realität im Modellversuch entsprechenden) Beispiels genauer ansehen – dem Erwerb von Selbstlernkompetenzen: Eine Schülerin in der schulischen Juniorenfirma XY – nennen wir sie Imke – hat einen Auftrag zur Erstellung einer Website akquiriert. Nach dem ersten Kundengespräch bildet sie mit anderen Schülerinnen und Schülern ihrer Juniorenfirma eine Projektgruppe; gemeinsam planen sie die Auftragsbearbeitung gemäß den im Pflichtenheft festgehaltenen zu erbringenden Leistungen.

Zunächst ist die Struktur der Site festzulegen und ein Layout zu erstellen. Imke ist mit dieser Aufgabe zunächst überfordert – sie hat dies noch nie gemacht. Wie sieht eine gute Website aus? Woran bemisst sich die Qualität einer Website? Was ist hinsichtlich Struktur und Layout zu bedenken? Der Kunde erwartet Qualität, dies hat er im Gespräch deutlich gemacht. Imkes Aufgabe ist es, diese Qualität zu liefern. Hierzu muss sie diese Fragen beantworten können. Immerhin weiß sie sehr genau, was der Kunde möchte. Die Lernhilfen zur Vorbereitung auf das Kundegespräch haben ihr geholfen, dem Kunden gezielt Fragen zu stellen und seine Ansprüche genau herauszuarbeiten.

Dies ist ihr Qualitätsmaßstab. Zugleich motiviert sie der erste reale Auftrag und der erste Kontakt zu einem realen Kunden im Leben einer angehenden Groß- und Außenhandelskauffrau sehr. Mit diesem Qualitätsmaßstab und ihrer Motivation geht sie an die oben genannten Fragen heran, die sie noch nicht beantworten kann, die aber zur Zufriedenstellung des Kunden beantwortet werden müssen.

Ein erster Schritt auf dem Wege zum Erwerb von Selbstlernkompetenzen ist hier bereits vollzogen: Imke ist sich ihrer Wissensdefizite bewusst und bringt die Bereitschaft auf, diese Defizite selbstständig auszugleichen. Die Orientierung an realen Aufträgen und an den Ansprüchen des Kunden führt zu der Internalisierung von Qualitätsmaßstäben und zur Motivation, eigenständig zu lernen. Die Festlegung der zu erbringenden Leistungen im Pflichtenheft und die Planung der Arbeit im Sinne des Projektmanagements führt dazu, dass die nötigen Arbeitsschritte und die hierfür erforderlichen Fähigkeiten und Kenntnisse überschaubar und transparent bleiben.

Imke geht die Lernhilfen durch, die zur Bearbeitung von Web-Projekten in ihrer Juniorenfirma vorhanden sind: eine Checkliste zu der Frage, wie ein solches Projekt zu planen ist und ein WBT (Web Based Training), das sie in die Grundlagen des Webdesign einführt. Hier findet sie auch weiterführende Tipps und Hinweise – beispielsweise zu Webseiten, die sehr genau erklären, wie eine html-Programmierung funktioniert – sowie Beispiele für gute und schlechte Websites. Mithilfe dieser Unterstützung kann sie sich an die Erstellung von Struktur und Layout „ihrer" Site machen.

Auch hierbei unterstützen die Einschätzungsinstrumente den Lernprozess: Aufgrund der zu erstellenden Statusnotizen bleiben die Kundenwünsche präsent, womit auch die Orientierung an den Qualitätsanforderungen des Kunden und die hieraus resultierende Motivation kontinuierlich bestehen bleibt. Das Lerntagebuch hilft, sich jeden Lernschritt deutlich vor Augen zu führen, Probleme und Schwierigkeiten zu erkennen und den Lernprozess zu reflektieren. Dies wiederum ist auch für die Lehrenden eine Rückmeldung darüber, an welchen Stellen die Lernhilfen noch optimiert werden können.

Dieses kleine Beispiel soll genügen, um aufzuzeigen, dass selbstorganisiertes und arbeitsprozessorientiertes Lernen der Selbstreflexion bedarf. Bewertungs- und Einschätzungskonzepte müssen diese Selbstreflexion initiieren und unterstützen. Hierzu müssen Lern- und Einschätzungsinstrumente ineinander greifen und sich aufeinander beziehen. Wie dies aussehen kann, sollte in diesem Artikel deutlich gemacht werden. Gleichermaßen erscheint es evident, dass diese Einschätzungs- und Beurteilungsinstrumente nicht primär der Selektion, sondern zuallererst der Förderung der Lernenden dienen.

Literatur

AUDEM, S. u.a. (2002): JeeNet aus Sicht der Schulen. In: GAVRANOVIC (DIPPL) u.a. (Hg.): E-Commerce und unternehmerisches Handeln – Kompetenzentwicklung in vernetzten Juniorenfirmen. Bielefeld, 149-157.

BAECKER, D. (Hg.) (2002): Archäologie der Arbeit. Berlin.

BAITSCH, C. (1998): Lernen im Prozess der Arbeit – zum Stand der internationalen Forschung. In: ARBEITSGEMEINSCHAFT QUALIFIKATIONS-ENTWICKLUNGS-MANAGEMENT (Hg): Kompetenzentwicklung '98. Berlin 1998, 269-227.

BUNDESMINISTERIUM FÜR BILDUNG UND FORSCHUNG (Hg.) (1998): Potentiale und Dimensionen der Wissensgesellschaft – Auswirkungen auf Bildungsprozesse und Bildungskulturen. Delphi-Befragung 1996 / 1998 - Integrierter Abschlussbericht. München / Basel 1998.

DIPPL, Z./ELSTER, F.: (2003): Die Juniorenfirma – von der „Spielwiese" zum integralen Bestandteil beruflicher Bildung. In: Dehnbostel. P. u.a. (Hg): Perspektiven moderner Berufsbildung: E-Learning – Didaktische Innovationen – Modellhafte Entwicklungen. Bielefeld, 167-182.

DORN, L. u.a. (2001): E-Commerce in deutschen Unternehmen: mit einer empirischen Untersuchung in kleinen und mittleren Handelsunternehmen des Landes Bremen; Anwendungen – Status Quo – Perspektiven – Qualifikationen. Bremen.

DOSTAL, W./KUPKA, P. (Hg.) (2001): Globalisierung, veränderte Arbeitsorganisation und Berufswandel. Beiträge zur Arbeitsmarkt- und Berufsforschung 240, Nürnberg.

ELSTER, F. (2002): E-Commerce in der kaufmännischen Berufsausbildung. In: Wirtschaft und Erziehung 5/2002, 164-169.

ELSTER, F./DIPPL, Z. (in Vorbereitung): Soziale Kompetenzen für virtuelle Teams. In: EULER, D. (Hg.): Handbuch der Lernortkooperation - Band 2: „Erfahrungen". Modellversuchsprogramm Kooperation der Lernorte in der beruflichen Bildung (KOLIBRI), in Vorbereitung.

ELSTER, F./ROUVEL, J. (2002): Von der Idee zur Umsetzung – E-Qualifizierung im Modellversuch JeeNet aus betrieblicher Sicht. In: GAVRANOVIC (DIPPL) u.a. (Hg.): E-Commerce und unternehmerisches Handeln – Kompetenzentwicklung in vernetzten Juniorenfirmen. Bielefeld, 131-148.

ENGELMANN, J./WIEDEMEYER, M. (Hg.) (2000): Kursbuch Arbeit. Ausstieg aus der Jobholder-Gesellschaft – Start in eine neue Tätigkeitskultur? Stuttgart, München.

HERMANNS, A./SAUTER, M. (2001): E-Commerce – Grundlagen, Einsatzbereiche und aktuelle Tendenzen. In: Dies. (Hg.): Management-Handbuch elektronic commerce: Grundlagen, Strategien, Praxisbeispiele. München. 16-32.

KOCKA, J./OFFE, C. (Hg.) (2000): Geschichte und Zukunft der Arbeit. Frankfurt/M, New York.

KURZ, T. (Hg.) (2001): Aspekte des Berufs in der Moderne. Opladen.

REICHWALD, R./HERMANN, M. (2001): Neue Beschäftigungsformen im Informationssektor. In: DOSTAL/KUPKA (Hg.), a.a.O., 7-25.

REIN, V. (2001): Electronic Commerce – Neue Anforderungen an die Qualifizierung von Kaufleuten. In: BWP 30 (5/2001): 14-18.

ROHS, M./BÜCHELE, U. (2002): Arbeitsprozessorientierte Kompetenzentwicklung. Online im Internet, URL: http://www.apo-it.de/apo-it/IT_Weiterbildung_mit_System_08_Kapitel08.pdf (Stand: 12.04.2002).

STAUDT, E./KLEY, T. (2001): Formelles Lernen – informelles Lernen – Erfahrungslernen. Wo liegt der Schlüssel zur Kompetenzentwicklung von Fach- und Führungskräften? In: ARBEITSGEMEINSCHAFT BETRIEBLICHE WEITERBILDUNGSFORSCHUNG e.V. (Hg.): Berufliche Kompetenzentwicklung in formellen und informellen Strukturen. QUEM-report, Heft 69, 227-275, Online im Internet, URL: http://www.abwf.de/Downloads/report/ 2001/Report-69.pdf (Stand: 22.07.2002).

STRAKA, G.A. (2001): Denn sie wissen nicht, was sie tun – Lernen im Prozess der Arbeit. In: ARBEITSGEMEINSCHAFT BETRIEBLICHE WEITERBIL-

DUNGSFORSCHUNG e.V. (Hg.): Arbeiten und Lernen: Lernkultur Kompetenzentwicklung und Innovative Arbeitsgestaltung. QUEM-report, Heft 67, 161-167, Online im Internet, URL: http://www.abwf.de/Downloads/report/2001/Report-67.pdf (Stand: 22.07.2002).

TRAMM, T./GRAMLINGER, F. (2002): Lernfirmen in virtuellen Netzen – didaktische Visionen und technische Potenziale. In: GAVRANOVIC (DIPPL) u.a. (Hg.): E-Commerce und unternehmerisches Handeln – Kompetenzentwicklung in vernetzten Juniorenfirmen. Bielefeld, 96-128.

VOß, G.G. (1998): Die Entgrenzung von Arbeit und Arbeitskraft: eine subjektorientierte Interpretation des Wandels der Arbeit. In: Mitteilungen aus der Arbeitsmarkt- und Berufsforschung, 31 (3/1998), 473-487.

VOß, G.G. (2000): Unternehmer der eigenen Arbeitskraft – Einige Folgerungen für die Bildungssoziologie. In: ZSE – Zeitschrift für Soziologie der Erziehung und Sozialisation 20 (2/2000), 149-166.

ZIMMER, G. (2002): Kompetenzentwicklung in virtuellen Kooperationen. In: DEHNBOSTEL/MEISTER (Hg.): Kompetenzentwicklung in vernetzten Lernstrukturen. Berlin 2002, 81-94.

SEBASTIAN WALZIK

Verhaltene Be(ob)achtung – ein zentraler Bestandteil der Beurteilung von Sozialkompetenzen

Bei der Beurteilung sozialer Kompetenzen müssen unterschiedliche Ebenen differenziert werden. Neben Wissen und Einstellungen sind Fertigkeiten ein zentraler Bestandteil sozialer Kompetenzen. Der vorliegende Beitrag will für die berufliche Erstausbildung Möglichkeiten zur Beurteilung von Kompetenzen auf dieser dritten Ebene ausführlicher beleuchten. Die Ausführungen zeigen, dass dies eine eingehendere Beschäftigung mit den Problemen der Verhaltensbeobachtung erforderlich macht.

Im ersten Kapitel wird ein Überblick über die Kernfragen, die sich in Zusammenhang mit Prüfungen und Beurteilungen stellen, gegeben. Im zweiten Kapitel wird das Objekt der Beurteilung – die wesentlichen Elemente sozialer Kompetenzen – detailliert betrachtet. Das dritte Kapitel beschäftigt sich intensiv mit der Beurteilung von Fertigkeiten. Dabei werden die Problemstellungen, die der Bereich der Verhaltensbeobachtung mit sich bringt, und mögliche Beobachtungsverfahren in den Blick genommen. Im vierten Kapitel wird ein Fallbeispiel aus einem Modellversuch beschrieben und anhand der zuvor dargestellten Verfahren der Verhaltensbeobachtung analysiert. Abschließend werden Perspektiven der Beurteilung sozialer Kompetenzen entlang der Kernfragen aus dem ersten Kapitel skizziert.

1 Beurteilung und Prüfung – Kernfragen

Bevor auf die Beurteilung von Sozialkompetenzen eingegangen wird, soll das Wesen von Beurteilung und Prüfung zunächst unabhängig vom Inhalt gewürdigt werden. Dieser Problemaufriss geschieht anhand der wichtigsten Fragen, die sich im Rahmen von Prüfungs- und Beurteilungssituationen stellen. An dieser Stelle soll nur eine Übersicht gegeben werden, dem interessierten Leser sei exemplarisch Metzger/Dörig/Waibel (1998) empfohlen.

(a) Was soll beurteilt werden? *(Beurteilungsobjekt)*

Das Objekt der Beurteilung ist direkt vom Lernziel der Lerneinheit, auf die sich die Beurteilung bezieht, abhängig. Dies sind zum einen Wissensstrukturen, die durch Erinnern reproduziert werden können, aber auch höhere kognitive Prozesse, die sich in Anlehnung an Blooms Lernzieltaxonomie (vgl. Bloom et al. 1972) mit Verstehen, Anwenden, Analyse, Synthese und Evaluation beschreiben lassen. Wichtig ist hier, zwischen Ergebnis und Prozess zu unterscheiden. Wird das Ergebnis einer Aufgabe oder die Lösung eines Problems beurteilt, kann daraus nicht notwendigerweise auf den Lösungsprozess geschlossen werden, der zu dem Ergebnis führte. Dies wird vor allem relevant, wenn nicht-kognitive Lernerfolge (z.B. Fertigkeiten und Einstellungen im Bereich sozialer Kompetenzen, s.u.) beurteilt werden sollen. Ein Vorgesetzter kann etwa eine Meinungsverschiedenheit zwischen zwei Mitarbeitern autoritär entscheiden oder im Gespräch mit beiden einen Kompromiss suchen. Auf den ersten Blick sind die Ergebnisse gleich (der Streit ist – wenigstens vorläufig – geschlichtet), jedoch unterscheiden sich die Prozesse. Das Objekt der Beurteilung wird in Kapitel 2 noch genauer betrachtet.

(b) Welche *Anforderungen* werden an die Beurteilung gestellt?

Metzger (1997, S. 526ff.) führt im Zusammenhang mit der Schülerbeurteilung vier Anforderungskriterien auf, die sich ebenso auf Kontexte außerhalb der Schule übertragen lassen. Das Kriterium der *Gültigkeit* (Validität) besagt, dass Beurteilungen auch wirklich das beurteilen sollen, was sie zu beurteilen vorgeben. Dazu gehört, dass das beurteilte Wissen und die Fertigkeiten repräsentativ sind und den Handlungsanforderungen (Lernzielen) entsprechen. Zusätzlich müssen durch die Beurteilung die relevanten Lerninhalte auch wirklich erfasst werden. Das Kriterium der *Zuverlässigkeit* (Reliabilität) stellt den Anspruch an ein fehlerfreies Erfassen des Beurteilungsobjektes, d.h. die Beurteilung soll möglichst frei von 'Messfehlern' sein. Dies wird dadurch erreicht, dass „gleichartige Bedingungen in der Durchführung, Auswertung und Interpretation" (Metzger 1997, S. 527) angestrebt werden. Reliabilität gründet sich demnach auf Durchführungsobjektivität, Auswertungsobjektivität und Interpretationsobjektivität. Das Kriterium *Ökonomie* fordert einen Ausgleich zwischen dem 'Nutzen', den die Beurteilung bringt und dem damit verbundenen Aufwand. Letzterer soll sich in vertretbarem Rahmen bewegen oder gar möglichst gering sein. *Chancengerechtigkeit* zuletzt fordert Beurteilungen, die aus der Sicht des Beurteilungssystems für alle Beurteilten gleichwertig sind.

(c) Mit welchem *Ziel* soll beurteilt werden?

Die Beurteilung kann mit dem Ziel vorgenommen werden, eine Auswahl zwischen mehreren Bewerbern zu treffen, bzw. um die Leistungen mehrerer Personen im Hinblick auf bestimmte Lernziele in eine Reihenfolge zu bringen. Sie kann aber auch mit der Absicht geschehen, den einzelnen Lernenden in seinem Lernprozess zu fördern, ihm gleichsam Auskunft geben zu können, wo er sich in seinem Lernprozess befindet, und Möglichkeiten der Weiterentwicklung zu öffnen. „Nun schließt die formative Schülerbeurteilung die summative aber nicht aus, sondern ist mit letzterer dann vereinbar, wenn sie nicht laufend von dieser überlagert wird" (Metzger 1997, S. 526).

(d) Welche *Maßstäbe* werden bei der Beurteilung angelegt?

Die Bewertung von Ergebnissen oder Prozessen muss immer anhand von zuvor festgelegten Kriterien oder Normen erfolgen, die als Maßstab dienen. Mit diesen Maßstäben wird das zu Bewertende in Beziehung gesetzt. Im Wesentlichen lassen sich hier drei Möglichkeiten unterscheiden. Legt man *Individualnormen* an, wird der Lernende an seinen eigenen Fähigkeiten, wie sie vor dem Lernprozess vorlagen, gemessen. Dies ist im Rahmen formativer Beurteilungen sinnvoll. Bei der *Gruppennorm* werden die Beurteilten im Vergleich zu den Leistungen seiner Gruppenmitglieder oder einer externen Gruppe gemessen. Dies erscheint im Rahmen einer selektiven Beurteilung sinnvoll, wenn die Leitungen in einer Gruppe verglichen werden sollen. Bei *aufgabenbezogenen Normen* orientiert sich der Bewertungsmaßstab an den Leistungsstandards selbst. „Das Potential oder den Fortschritt als Bezugsnormen zu nehmen, mag zeitweise in der formativen Beurteilung ebenso angebracht sein wie die aufgabenbezogene Norm" (Metzger 1997, S. 540).

(e) Wann und wie (häufig) wird beurteilt? *(Zeit)*

Diese Frage steht in engem Zusammenhang mit der Frage nach dem Ziel der Beurteilung. Eine summative Beurteilung rechtfertigt eine einmalige Prüfung am Ende eines Ausbildungsabschnittes bzw. einer Lerneinheit. Jedoch ist auch unter diesen Umständen zu bedenken, ob sich die Beurteilung auf einen *Zeitpunkt* bezieht (z.B. das Ende der Lerneinheit) oder auf einen *Zeitraum* (z.B. die gesamte Lerneinheit). Im Grunde ist eine formative Beurteilung adäquat, wenn sie die Entwicklung in einem *Zeitraum* beachtet. Je intensiver der Lernprozess unterstützt werden soll, desto sinnvoller sind häufigere formative Beurteilungen.

(f) *Durch wen* soll die Beurteilung erfolgen?

In dieser Frage gibt es die Möglichkeiten der Selbst- und Fremdbeurteilung. Auch diese beiden Formen schließen einander nicht aus, sondern können sich ergänzen. Ebenso können verschiedene Formen der Fremdbeurteilung – durch Vorgesetzte/Lehrer, durch Gleichgestellte (Schüler/Kollegen), durch unabhängige Dritte (z.B. Kunden) – miteinander je nach Beurteilungsziel kombiniert werden. Sollen seitens der Lerner Reflexionsprozesse angestoßen werden, eignen sich Elemente der Selbstbeurteilung; können vom Vorgesetzten/Lehrer bestimmte Prozesse nicht oder nur schlecht beobachtet werden, eignen sich Elemente der Beurteilung durch Gleichgestellte etc.

(g) Wie soll die Beurteilung erfolgen? *(Art der Beurteilung)*

Diese Frage lässt sich wiederum in mehrere Aspekte aufteilen. Zum einen kann die Beurteilung in mündlicher, schriftlicher oder auch praktischer Form erfolgen. Dieser *Modus* richtet sich wiederum nach den Ansprüchen der Prüfung: Schriftliche Prüfungen erreichen eine höhere Einheitlichkeit und lassen sich in der Regel mit weniger Aufwand korrigieren, sie sind vor allem zur Beurteilung kognitiver Lernerfolge geeignet. Mündliche Prüfungen sind meist aufwendiger und weniger einheitlich durchführbar, bieten aber größere Flexibilität durch das Gespräch. „Von praktischen Prüfungen kann gesprochen werden, wenn entweder einfachere motorische Leistungen zu erbringen sind oder komplexere Handlungen in verschiedenen, meist miteinander kombinierten Äußerungsformen (schriftlich, mündlich, praktisch) verlangt sind." (Metzger 1997, S. 530 f.).

Vor allem bei schriftlichen Prüfungen kann die *Form* stark variieren, je nach dem, was geprüft und welcher Aufwand dafür angesetzt werden soll. So kann die Bearbeitung durch Auswahl mehrerer Antwortmöglichkeiten (multiple choice) oder auch frei erfolgen. Die erste Variante ist 'prüfungsökonomisch' günstiger, weil einfacher zu korrigieren. Jedoch können nur mit der zweiten Variante Lösungsprozesse geprüft werden.

Weiterhin kann die auf die Beurteilung folgende Rückmeldung verschiedene Formen annehmen. Unabhängig von ihrem Zeitpunkt kann sie schriftlich oder mündlich erfolgen. Im letzteren Falle kann sie in Form eines Feedbackgespräches stattfinden, in dem Lehrer und Lernender gemeinsam ihre Standpunkte abstimmen und im formativen Sinne Möglichkeiten der Weiterentwicklung suchen. Darüber hinaus kann die Beurteilung als Ziffernnote zertifiziert werden oder durch einen frei formulierten Text verbal erfolgen. Hierbei ist zu überlegen, welche Form dem Beurteilungsgegenstand besser entspricht und welche Ansprüche externe Interessengruppen an die Aussagekraft der Beurteilung stellen[1].

Vor diesem Hintergrund soll nun das Objekt der Beurteilung, soziale Kompetenzen, in Augenschein genommen werden.

2 Das Beurteilungsobjekt – Soziale Kompetenzen im Detail

Ebenso wie ‚die Sozialkompetenz' nicht auf diesem hohen Abstraktionsgrad gefördert werden kann, ist eine Lernerfolgskontrolle auf gleichem Niveau unmöglich. Bezogen auf Fachkompetenzen würde dies beispielsweise bedeuten, das Lernziel ‚Marketing' oder ‚Rechnungswesen' in seiner gesamten Komplexität fördern oder prüfen zu wollen. Daher ist zunächst erforderlich, Sozialkompetenzen in Feinlernziele zu präzisieren. Gemäß dem in diesem Beitrag vertretenen Verständnis von Sozialkompetenzen (vgl. Euler/Reemtsma-Theis 1999) muss dies situationsspezifisch erfolgen. Dafür spricht zum einen die Alltagserfahrung, die zeigt, dass Menschen, die im Betrieb von ihren Kollegen (Arbeitssituation) als ‚sozialkompetent' beschrieben werden, durchaus im Privatleben mit ihrem Partner (private Situationen) ‚weniger sozialkompetent' sein können. Darüber hinaus begründet sich dieser Situationen spezifizierende Ansatz aus der Lernzieltheorie: Wenn Sozialkompetenzen als sozial-kommunikative *Handlungskompetenzen* aufgefasst werden, und Lernziele „angestrebte Handlungskompetenzen" (Euler 1994, S. 130) sind, müssen sie entsprechend durch eine Inhalts-, eine Verhaltens-, und eine Situationskomponente beschrieben werden (vgl. eingehend Euler/Reemtsma-Theis 1999, S. 171 ff.).

Weiterhin sind Lernziele im Bereich Sozialkompetenzen nicht nur, wie zumeist Fachkompetenzen, auf der kognitiven Ebene zu finden. Euler unterscheidet hier die Ebenen ‚Wissen', ‚Einstellungen' und ‚Fertigkeiten'. Zu sozial-kommunikativen Handlungskompetenzen zählen demnach gleichwertig Wissen (für Teamsituationen wären dies beispielsweise ‚typische Phasen des Gruppenprozesses kennen und verstehen') sowie Einstellungen, die der Kommunikation zugrunde liegen (z.B. ‚unterschiedliche Personentypen in

---

[1] Metzger (1997, S. 524) weist in diesem Zusammenhang zurecht darauf hin, dass Ziffernnoten sich nur scheinbar miteinander verrechnen lassen. Auch stellen sie keine zuverlässige Basis für einen interpersonalen Vergleich dar.

Gruppen als Potenzial für die Leistungsfähigkeit einer Gruppe akzeptieren') und Fertigkeiten (z.B. ‚Kompetenz, das eigene Handeln auf das der anderen Gruppenmitglieder im Hinblick auf die eigene Rolle und Ziele der Gruppe beziehen zu können') (vgl. eingehend Euler 2001a, S. 14).

Werden nun Sozialkompetenzen auf diesen drei Ebenen verstanden, erfordert eine Prüfung von Sozialkompetenzen Lernerfolgskontrollen auf exakt diesen drei Ebenen. Dabei ist augenscheinlich, dass für alle drei Ebenen entsprechend unterschiedliche Verfahren der Lernerfolgskontrolle geeignet sein werden. Nachfolgend sollen die Ebenen näher betrachtet werden mit dem Ziel, geeignete Verfahren zu eruieren.

(1) Wissen

Eine Lernerfolgskontrolle in diesem Bereich gestaltet sich wohl am einfachsten, handelt es sich doch um ‚klassische' kognitive Lernziele. Ihre Förderung wie auch Prüfung kann analog zu den Fachkompetenzen erfolgen. Dabei kann beispielsweise die Lernzieltaxonomie von Bloom (vgl. Bloom et al. 1972) herangezogen werden, um Anspruchsniveaus zu differenzieren. Es ist durchaus sinnvoll, eine solche Lernerfolgskontrolle in Form einer schriftlichen Bearbeitung von Aufgaben durchzuführen. Durch die Art der Aufgabenstellung können Lernziele auf den einzelnen Taxonomiestufen angesprochen werden. Beispielsweise können Definitionen verlangt oder ein Kommunikationsmodell erläutert werden (Stufe des Wissens/Verstehens) oder es können ein schriftlich dargestellter Dialog oder eine Situation anhand eines Modells analysiert werden (Stufe des Analysierens) usw.

(2) Einstellungen

Einstellungen lassen sich – ähnlich wie Wissen – nicht direkt beobachten, es ist lediglich möglich, aus dem Verhalten einer Person auf ihre diesem Verhalten zugrunde liegenden Werte zu schließen. Verlässliche Schlüsse wären nur möglich, wenn der genaue Zusammenhang zwischen Einstellungen und Verhalten bekannt wäre, was jedoch nicht der Fall ist, da bestimmte Verhaltensweisen aus den unterschiedlichsten Motiven heraus gezeigt werden können. Beispielsweise kann ein Mitarbeiter einen Streit zwischen zwei Kollegen aus der tiefen Überzeugung, für ein besseres Arbeitsklima einzutreten, schlichten. Er kann dieses Verhalten aber auch zeigen, um persönlich ein höheres Ansehen bei seinen Kollegen zu gewinnen. Wie sich zeigen wird, gibt es zwar auch auf Ebene der Fertigkeiten ähnliche Probleme, jedoch scheint die Beurteilung von Einstellungen noch wesentlich schwieriger, da Verhalten zwar direkt beobachtet werden kann, jedoch nur indirekte Rückschlüsse auf zugrundeliegende Einstellungen möglich sind. Aus diesem Grunde soll diese Ebene zunächst ausgeklammert werden, der Schwerpunkt der Betrachtungen soll auf die Fertigkeiten gelegt werden[2].

(3) Fertigkeiten

Fertigkeiten betreffen den agentiven Umgang mit anderen Menschen in sozial-kommunikativen Handlungssituationen. In Bezug auf ihre Beurteilung ist dabei das Ergebnis der Kommunikation weniger von Bedeutung als der Prozess. Beispielsweise ist eine im Ergebnis für den Verkäufer erfolgreiche Verkaufsverhandlung unabhängig davon, ob die Kommunikation während des Verkaufsgespräches als ‚sozialkompetent' (in welchem Sinne auch immer) bezeichnet werden kann. Folglich wird es bei der Beurteilung von Fertigkeiten vornehmlich darauf ankommen, den Prozess zu bewerten. Mit dieser Frage beschäftigt sich das nachfolgende Kapitel.

3 Beurteilung von Fertigkeiten

In der Literatur stößt man im Zusammenhang der Prüfung sozialer Kompetenzen bald auf die Frage, ob es sich bei ihnen, bzw. sozialer Intelligenz[3], um Persönlichkeitsmerkmale oder um (erlernbare) Fähigkeiten handelt. Erstere werden als im Erwachsenenalter stabil angesehen (Spinath 2002, S. 25), womit eine Förderung durch einen Lernprozess ausgeschlossen wäre. Einige Ansätze gehen jedoch davon aus, dass es sich bei sozialen Kompetenzen (wenigstens zum Teil auch) um *erlernbare* Fertigkeiten handelt. So definiert auch das hier vertretene Verständnis sozial-kommunikative Handlungskompetenzen als „Verhaltensmöglichkeiten, die auf ‚mittlere Sicht' konstant bleiben" (Euler 1994, S. 123). Damit wird eine grundsätzliche Erlernbarkeit von Sozialkompetenzen nicht ausgeschlossen (vgl. auch Euler 2001b, S. 354ff.; Spinath 2002, S. 26).

---

[2] Zur Problematik der Beobachtung und Beurteilung von Einstellungen vgl. eingehend Triandis, H. C., (1971) insbesondere S. 26-59.

[3] Der Begriff 'soziale Intelligenz' wird in der Psychologie etwa seit den 20er Jahren des letzten Jahrhunderts in Abgrenzung zum Konstrukt der akademischen Intelligenz benutzt, vgl. Thorndike, R. L., (1920) sowie Thorndike, R. L., (1936).

Von dieser Grundannahme ausgehend, scheiden einige Beurteilungsverfahren aus: Leistungstests (vgl. eingehend Lohaus 1998, S. 13ff.; Obermann 1992, S. 137f.) erscheinen nicht geeignet, da sie häufig nicht auf situative Spezifika von Sozialkompetenzen eingehen, sondern soziale Intelligenz mit Verfahren messen, die denen der Messung akademischer Intelligenz ähnlich sind. Sie lassen ebenso wie Fragebogenverfahren den zu beurteilenden Personen keinen Raum für eigenes, freies Handeln. Wenn auch Fragebogenverfahren sich auf spezifische Situationen beziehen können, so pressen sie die zu beurteilenden Personen durch ihre beschränkten Antwortmöglichkeiten in ein Korsett, welches die Handlungsmöglichkeiten realer Situationen zu stark reduziert. Selbst wenn man freie Antwortmöglichkeiten zulässt, kann man lediglich kognitive Dispositionen erfassen und nicht darauf schließen, ob dieses Wissen in der Realität auch in eine entsprechende Handlung überführt wird. Ähnliches gilt für die verschiedenen Formen von Interviews, die zwar die Möglichkeiten flexibler Fragestellungen aufweisen, mit deren Hilfe aber dennoch weniger Fertigkeiten als Wissen beurteilt werden können.

Geeignet erscheinen Verfahren der Verhaltensbeobachtung, die einen möglichst starken Bezug zur Realität herstellen und direkte Beobachtungen des Verhaltens zulassen. Verfahren der Verhaltensbeobachtung können unterschiedlich stark strukturiert sein. Zu den unstrukturierten zählen beispielsweise der erste Eindruck, Gelegenheitsbeobachtungen oder freie Verhaltensbeschreibungen. Diese Verfahren sind stark von subjektiven Entscheidungen und Werten geprägt (Welche Kriterien liegen der Beobachtung zugrunde? Wann erfolgt die Beobachtung?). Entsprechend wird versucht, mit strukturierten Verfahren möglichst viele subjektive Einflüsse zu reduzieren und mehr Transparenz über die Beurteilung zu erreichen. Zentral ist dabei das Prinzip, Beobachtung (die in der Regel von Wahrnehmungsfehlern beeinflusst ist, siehe unten) von Beurteilung zu trennen. Bevor einzelne Verfahren dargestellt werden, soll zunächst auf das zentrale Problem der Verhaltensbeurteilung, eingegangen werden: die (verzerrte) Wahrnehmung.

3.1 Verzerrte Wahrnehmung

In der Literatur findet sich keine einheitliche Systematik über die unterschiedlichen Effekte der Wahrnehmungsverzerrung. Einzelne Autoren versuchen Kategorien zu bilden (exemplarisch Lohaus 1998, S. 45ff.), andere listen lediglich einzelne Effekte auf (exemplarisch Obermann 1992, S. 184ff.). Die nachfolgenden Ausführungen geben einen Überblick über die wesentlichen Verzerrungseffekte.

Lohaus (1998, S. 45 ff.) unterscheidet in drei Gruppen von Verzerrungseffekten. Zunächst die *Korrelationstendenzen*. Ihnen gemein ist die Neigung, unbewusst vom Vorhandensein bestimmter Merkmale auf andere Merkmale zu schließen. Ihr bekanntester Vertreter ist der *Halo-Effekt* (exemplarisch Kompa 1984, S. 201; Lohaus 1998, S. 46ff.). Bei ihm überstrahlt ein Merkmal der beobachteten Person alle anderen. Dies kann positive ebenso wie negative Auswirkungen haben: einer ungepflegt wirkenden Person können beispielsweise geringe soziale Kompetenzen zugeschrieben werden, eine Person mit Brille kann auf den Beobachter intelligent wirken. Auch der erste Eindruck kann die Wahrnehmung weiterer Eigenschaften überstrahlen („*primacy-effect*"). In eine ähnliche Richtung geht der Effekt der *impliziten Persönlichkeitstheorie*: „Mit dem Begriff ‚Implizite Persönlichkeitstheorien' bezeichnet man [...] unbewußte Meinungen darüber, welche Persönlichkeitsmerkmale gemeinsam auftreten und welche einander ausschließen. Eine solche Annahme könnte Zum [sic!] Beispiel lauten: Temperamentvolle Menschen sind besonders kreativ." (Obermann 1992, S. 185). Eine weitere Korrelationstendenz ist die *hypothesenkonforme Wahrnehmung*. Hier bildet sich der Beobachter eine bestimmte Meinung über die beobachtete Person und nimmt dann vermehrt selektiv Verhaltensweisen der Person wahr, die diese Hypothese bestätigen (Kanning 1999, S. 131ff.). Davon zu unterscheiden ist die ‚*self-fulfilling-prophecy*', bei welcher der Beobachter zwar auch eine vorgefertigte Meinung hat, die diese Meinung bestätigende Verhaltensweise beim Beobachteten aber durch sein eigenes Verhalten provoziert. Die Gefahr einer ‚self-fulfilling-prophecy' besteht vor allem, wenn Beobachter und Beobachteter – wie beispielsweise in Interviews – miteinander stark interagieren.

Eine zweite Gruppe stellen die *Mittelwerttendenzen* dar. Sie besagen, dass abhängig von der Person des Beobachters Merkmalsausprägungen nahe eines Wertes abgetragen werden, der von der ‚wirklichen Leistung' im Mittel positiv bzw. negativ abweicht. Die Beurteilung fällt entsprechend zu mild oder zu streng aus, weswegen man auch vom Milde-/Strengeeffekt spricht.

Bezugssystem- oder *Kontexteffekte*, welche die dritte Gruppe bilden, entstehen dadurch, dass die beobachtete Leistung zu anderen Leistungen des Beobachtungskontextes in Bezug gesetzt wird. Dies kann geschehen, indem spätere Beobachtungen an vorausgehende unbewusst angeglichen werden (Assimilationseffekt) oder, gegenteilig, besonders differenziert werden (Kontrasteffekt)

(Lohaus 1998, S. 55ff.). Ein wichtiges Beispiel ist hier der *Reihenfolge-Effekt*, bei dem die Leistungen einer Person abhängig von Abfolge der Richtigkeit der Antworten unterschiedlich eingeschätzt werden. Obermann (1992, S. 185) berichtet von einer Untersuchung, bei der Leistungen für wesentlich besser gehalten wurden, wenn die richtigen Antworten gehäuft zu Beginn der Beobachtung gegeben wurden. Diese Verzerrung geht in eine ähnliche Richtung wie der *‚primacy-effect'*, bei dem zu Beginn der Beobachtung eine persönliche Sympathie für den Beobachteten – bewusst oder unbewusst – wahrgenommen wird und die gesamte Einschätzung positiv beeinflusst. Der Reihenfolgeeffekt kann sich jedoch nicht nur auf die Beobachtung einer Person sondern auch auf die Abfolge von Beobachtungen mehrerer Kandidaten hintereinander beziehen: ein guter Kandidat wird in einer Gruppe schlechter Kandidaten wesentlich besser beurteilt als in einer Gruppe sehr guter Kandidaten (Obermann 1992, S. 185).

Weitere Urteilsverzerrungen können entstehen, wenn Beobachter ihre Beobachtungen zu schnell in eine Entscheidung überführen wollen und zu früh beginnen, ihre Beobachtungen hochzurechnen. Diese Gefahr besteht vor allem, wenn Beobachter einem überzogenen „Pars-pro-toto-Denken" unterliegen oder an eine zu starke „Einfältigkeit der Wahrheit" (Neubauer 1996, S. 168) glauben, wenn sie zu differenziertem Wahrnehmen gar nicht erst bereit sind.

Zusammenfassend bleibt festzustellen: Ein Mensch ist nicht in der Lage sämtliche Sinneseindrücke, die auf ihn einströmen, gleichermaßen aufzunehmen. Kanning (1999, S. 33) spricht von Schätzungen, denen zufolge von ca. einer Milliarde Informationseinheiten nur ca. 100 im Bewusstsein ankommen. Dieser Selektionsprozess muss notwendigerweise die Wahrnehmung und damit auch Beurteilung verzerren. Zusätzlich unterliegt menschliche Wahrnehmung immer einem Prozess subjektiver Sinnstiftung. Was ein Mensch beobachtet, wird er immer vor dem Hintergrund seiner eigenen Erfahrungen und Werte interpretieren. Die oben beschriebenen Verzerrungseffekte sind also natürlich und bis zu einem gewissen Grade unvermeidlich. Dem Problem wird mit dem Versuch entgegengetreten, standardisierte und systematische Verfahren der Beobachtung zu entwickeln, Beobachter für Wahrnehmungsverzerrungen zu sensibilisieren, sie ggf. auf bestimmte Beobachtungsverfahren zu schulen oder in einem Verfahren mehrere Beobachter parallel einzusetzen. Elaborierte Beurteilungsverfahren basieren in der Regel auf dem Prinzip, Beobachtung und Bewertung zeitlich voneinander zu trennen. So sollen möglichst viele subjektive Einflüsse reduziert und eine relative Objektivität erreicht werden (Obermann 1992, S. 172; Seyfried 1995, S. 141). Der nachfolgende Abschnitt gibt einen Überblick über solche Verfahren.

3.2 Verfahren der Verhaltensbeobachtung

In der Literatur finden sich verschiedene kriterienorientierte Beurteilungsverfahren (vgl. exemplarisch Lohaus 1998, S. 22ff.; Obermann 1992, S. 169ff.; Schmidt 1995, S. 130 ff.; Seyfried 1995, S. 144ff.). Ihnen ist gemeinsam, dass die Beobachtung anhand von Skalen erfolgt. Sie unterscheiden sich in dem Grad, wie differenziert die Skalen und ihre Abstufungen konstruiert und definiert werden. *Einfache Urteilsskalen* weisen lediglich die Verhaltensdimension aus (z.B. ‚Eingehen auf Kundenbedürfnisse') und geben ein Polaritätsprofil an, auf welchem die Ausprägung dieses Merkmals vom Beobachter abgetragen werden kann. Das Polaritätsprofil kann nur an seinen beiden Enden definiert sein (z.B. ‚ignoriert Kundenbedürfnisse' – ‚bemüht sich intensiv, die Kundenbedürfnisse zu ermitteln'), es kann aber auch in einzelne Stufen unterteilt sein, die wiederum jeweils genau definiert sind. Einfache Urteilsskalen helfen Verzerrungen im Bereich der Kontexteffekte sowie Halo- und Primacy-Effekte zu reduzieren. Sie haben den Vorteil, dass sie sich relativ einfach erzeugen lassen. Problematisch ist jedoch, dass sie unterschiedlich interpretiert werden können, wodurch Eintragungen auf den Skalen uneindeutig und damit ungenau sind.

Dieses Problem versuchen *Verhaltenserwartungsskalen* (Lohaus 1998, S. 75ff.) zu lösen, die für jede Stufe kurze Beschreibungen typischen Verhaltens liefern. Auf diese Weise soll vermieden werden, dass die einzelnen Stufen von verschiedenen Beobachtern in unterschiedlicher Weise ausgelegt werden. Sie können in einem mehrstufigen Verfahren relativ aufwendig konstruiert werden, wobei einzelne Gruppen getrennt voneinander diese Stufen bearbeiten (vgl. eingehend Lohaus 1998, S. 76). Dadurch sollen möglichst eindeutige Beschreibungen und Definitionen erzielt werden, die von allen Beobachtern in gleicher Weise interpretiert werden. Verhaltenserwartungsskalen sind zwar aufwendig herzustellen, sie sind einfachen Beurteilungsskalen bezüglich Milde-/Strenge- sowie Halo-Effekt jedoch überlegen (Lohaus 1998, S. 78). Kritisiert wird, dass ein eindeutiges Zuordnen des beobachteten Verhaltens zu den beschriebenen Ankern nicht immer möglich ist, auch können sich Verzerrungen in Richtung der Skalenstufen ergeben. Hinzu kommt, dass Beobachter leicht überfordert sein können, wenn sie zu viele Verhaltensweisen gleichzeitig im Auge behalten sollen. Seyfried (1995, S. 143) bemerkt hierzu, dass „Beurteiler kaum in der Lage sind, mehr als sieben Beurteilungskriterien unabhängig voneinander zu unterscheiden".

Lohaus (1998, S. 79ff.) beschreibt weiter gehend *Verhaltensbeobachtungsskalen*. Sie sind ähnlich wie Verhaltenserwartungsskalen nach der Methode der kritischen Ereignisse aufgebaut. Mit ihrer Hilfe werden beobachtete Verhaltensweisen erfasst und nach ihrer Häufigkeit während des Beobachtungszeitraumes festgehalten. Auch ihre Konstruktion folgt einem relativ aufwendigen, fünfstufigen Schema. Sie basieren auf einer sorgfältigen Arbeitsanalyse und geben fundierte Hinweise, welche Anforderungen das zu beobachtende Verhalten erfordert. Dadurch sind sie relativ inhaltsvalide, können in Bezug auf die Arbeitsanforderungen zwischen adäquatem und weniger adäquatem Verhalten trennen und können zudem eine gute Grundlage für ein späteres Feedback liefern. Kritik an diesen Skalen beläuft sich vornehmlich auf die Schwierigkeit, den Häufigkeitsanteil beobachteten Verhaltens abzuschätzen. Hinzu kommen Untersuchungen, welche keine großen Vorteile von Verhaltensbeobachtungsskalen gegenüber Verhaltenserwartungsskalen in Bezug auf die gängigen Wahrnehmungsfehler (v.a. Halo- und Primacy-Effekt sowie Kontrasteffekte) feststellen können (Lohaus 1998, S. 81).

Obermann (1992, S. 173f.) beschreibt so genannte *integrierte Beobachtungssysteme*, die einen anderen Weg in Richtung weniger subjektive Verfahren einschlagen. Sie bieten die Verhaltensbeschreibungen (Items) der einzelnen Stufen und Skalen in zufälliger Abfolge, wodurch die Beobachter nicht von Dimensionsetiketten beeinflusst und systematische Antworttendenzen ausgeschaltet werden sollen. Erst nach der Beobachtung werden die Items ihren Dimensionen und Stufen zugeordnet, wonach die Bewertung erfolgen kann. Auf diese Weise sollen vor allem Effekte der impliziten Persönlichkeitstheorie, der hypothesenkonformen Wahrnehmung und Milde-/Strenge-Effekte ausgeschaltet werden. Kritik an diesem System beläuft sich auf den Vorwurf, es würde mit zu großen, unübersichtlichen Listen von Items arbeiten, wodurch die Beurteilung erschwert, wenn nicht gar unleistbar wäre – ein Argument, welches bereits gegenüber den Verhaltenserwartungsskalen aufgeführt wurde.

Mixed Standard Scales greifen das Prinzip der Verhaltenserwartungsskalen wieder auf, wobei jedoch auf jeder Skala nur drei Stufen festgelegt und mit Beschreibungen typischen Verhaltens präzisiert werden (Lohaus 1998, S. 82 f.). Durch Vergleich des beobachteten Verhaltens mit dem beschriebenen ergeben sich auf jeder Skala sieben Stufen. Die drei definierten Stufen sind jedoch wie bei den integrierten Beobachtungssystemen zufällig angeordnet. Damit wird wiederum der verzerrende Effekt von Dimensionsetiketten vermieden, gleichzeitig wird das Problem der Zuordnung von Beobachtungen zu den Skalenstufen gelöst, da der Beobachter auch entscheiden kann, ob das beobachtete Verhalten besser oder schlechter ist. So bezieht sich dann die Kritik an Mixed Standard Scales auf die Einteilung der sieben Skalenstufen mit der Bemerkung, ihre Abstände seien willkürlich und unklar.

Diese Darstellung zeigt, dass elaborierte Verfahren neben Wahrnehmungsverzerrungen auch versuchen, Fehler der Konstruktion von Beurteilungsverfahren zu vermeiden. Insbesondere bei einfachen Beurteilungsskalen sollte man sich dieser bewusst sein. Der Vollständigkeit halber werden sie nachfolgend kurz aufgeführt (Neubauer 1996, S. 165ff.):

- *zu wenige Beobachtungschancen pro Merkmal*: die Beobachtungssituation ist in einer Weise gestaltet, dass sie dem Beobachter zu wenig Möglichkeiten bietet, bestimmte Merkmale zu beobachten (Aussagen zu bestimmten Skalen zu treffen).

- *zu starke Sicht des Konstrukteurs*: eine Aufgabe ist zu stark aus Sicht des Konstrukteurs gestaltet, die Beschreibungen der Skalen und ihre Stufen werden von anderen Beobachtern missverstanden.

- *zu globale Beobachtungshilfen*: die Beschreibungen der Skalen und ihrer Stufen ist zu allgemein gehalten und somit missverständlich.

- *zu konkretistische Beobachtungshilfen*: die Beobachtungs- und Skalierungshinweise sind viel zu detailliert und schränken den Beobachter in seiner Tätigkeit ein, „so daß nur noch sehr selbstbewußte Beobachter ihren eigenen Beobachtungen trauen" (Neubauer 1996, S. 166).

Zusammenfassend kann bemerkt werden, dass die verschiedenen Verfahren der Verhaltensbeobachtung auf unterschiedliche Weisen versuchen, sich ihrem Ziel objektiver Beobachtung und Beurteilung zu nähern. Dabei muss von einem möglichst geschlossenen Konzept ausgegangen werden, um den Beurteilungsprozess transparent zu halten (Seyfried 1995, S. 141). Nur so kann das Problem, dass Einschätzungen subjektiven Einflüssen unterliegen, gehandhabt werden. Offensichtlich kann kein optimales Verfahren zur Beobachtung von Verhalten gefunden werden, allen wohnen neben einigen Vorteilen immer auch Mängel inne. Einigung besteht höchstens dahingehend, dass in diesem Bereich Menschen Maschinen überlegen sind. In Anlehnung an Churchill ließe sich formulieren: Die subjektive Einschätzung menschlichen Verhaltens durch einen anderen Menschen ist die schlechteste aller möglichen Methoden der Verhaltensbeurteilungen – aber es gibt keine bessere.

Nach dieser theoretischen Darstellung der mit Verhaltensbeobachtung verbundenen Probleme und Beobachtungsverfahren soll im Folgenden anhand eines praktischen Ansatzes betrachtet werden, wie mit diesen Problemen umgegangen werden kann.

4 Beurteilung von Sozialkompetenzen in der Praxis der beruflichen Erstausbildung

Sozialkompetenzen haben sich in der beruflichen Erstausbildung noch nicht etabliert. Die meisten Ansätze ihrer Förderung und Beurteilung sind noch in der Entwicklung und finden sich in der Regel im Rahmen von Modellversuchen. Es gibt jedoch zurzeit kaum Modellversuche, die das Thema Sozialkompetenzen zentral aufnehmen. Obschon einige die Förderung sozialer Kompetenzen betonen, verfolgen sie diesen Punkt meist ‚lediglich' neben vielen anderen. Im Internet finden sich auf den Seiten der BLK und des BIBB zurzeit nur drei Modellversuche, welche die Stichworte ‚soziales Lernen', ‚soziale Kompetenzen' oder ‚Sozialkompetenzen' im Titel tragen[4]. Offensichtlich ist dies – obwohl aktuell – ein Gebiet, auf dem nur wenige den Mut zu einer intensiven Auseinandersetzung haben. Nachfolgend sollen daher die Beurteilungsansätze eines ausgewählten Modellversuches beispielhaft herausgegriffen und vor dem Hintergrund der vorgängigen Betrachtungen beleuchtet werden.

4.1 Kundenorientierte Sozialkompetenzen – ein Fallbeispiel

Der Modellversuch „Modernisierung und Differenzierung der dualen Berufsbildung am Beispiel der Förderung von kundenorientierten Sozialkompetenzen" (Dumpert et al. 2002) beschäftigte sich mit der Förderung und Beurteilung sozialer Kompetenzen im Bereich der Kundenberatung in Banken,

---

[4] www.blk-bonn.de/modellversuche/mv-programme.htm sowie www.bibb.de/aufgaben/arbfeld/mv.htm, 11.09.2002. Diese Zahl berücksichtigt keine Modellversuche mit verwandten Themen wie Teamfähigkeit, Konflikt o.ä., die sich selbstverständlich auch in ihrem Kernbereich mit sozialen Kompetenzen beschäftigen.

Versicherungen und im Einzelhandel. Im Verlaufe des Modellversuchs wurden von der wissenschaftlichen Begleitung neben einem Seminar zur Förderung entsprechender Sozialkompetenzen auch eine Lernerfolgskontrolle gestaltet. Diese gliederte sich in einen schriftlichen Teil, in dem schwerpunktmäßig kognitive Lernziele geprüft wurden, und einen mündlichen Teil, der sich auf Fertigkeiten im oben beschriebenen Sinne (vgl. Kapitel 2) bezog.

Die *schriftliche Prüfung* erstreckte sich über 90 Minuten und bestand aus vier Teilbereichen. In diesen wurden jeweils einzelne Interaktionseinheiten isoliert beurteilt und klar abgrenzbare Wissensaspekte der Kommunikation und Beratung sowie Artikulation und Interpretation von Äußerungen erhoben. Der erste Bereich bezog sich auf Wissen über Kommunikation. Hier wurden zentrale Bausteine eines Beratungsgespräches durch Nennen und Erklären abgefragt. Der zweite Teil zielte darauf ab, Wissen in bestimmten situativen Kontexten anzuwenden. Von den Lernenden wurde verlangt, beispielsweise eine Entscheidungssituation in einem Beratungsgespräch zu reflektieren, entsprechende Entscheidungskriterien zu nennen und schließlich zu begründen, warum gerade diese Kriterien in der beschriebenen Situation relevant sind. Im dritten Teil wurden artikulative Fähigkeiten geprüft, indem die Teilnehmer aufgefordert wurden, ihre verbale Reaktion im Kontext einer geschilderten Beratungssituation wörtlich niederzuschreiben. Daraus kann selbstverständlich nicht geschlossen werden, ob die entsprechende Reaktion auch tatsächlich in der Praxis umgesetzt werden kann. Jedoch zeigt sich mit dieser Methode, ob der Lernende überhaupt in der Lage ist, eine adäquate Formulierung zu finden, ob er also ein geeignetes Repertoire an Reaktionsmöglichkeiten besitzt. Mit dem vierten Teil wurde die Interpretationsfähigkeit geprüft. Hier wurden den Lernenden Videosequenzen mit Kundenäußerungen vorgespielt. Die Aufgabe bestand darin, die nonverbale Reaktion der Kunden mit ihrer Mimik und Gestik zu interpretieren und diese Interpretation zu begründen.

In der *mündlichen Prüfung* wurde ein praxisnahes Beratungsgespräch simuliert. Dabei übernahm der Prüfling die Rolle des Verkaufsberaters, ein Prüfer die Rolle des Kunden und der andere Prüfer beobachtete das Rollenspiel. Anhand von Rollenkarten für Prüfling und Prüfer wurden der Inhalt sowie die Ausgangssituation des Beratungsgespräches (Vorgeschichte des Kunden, Problemschilderung, beratungsrelevante Details etc.) festgelegt. Der Prüfling hatte 15 Minuten Zeit, sich anhand seiner Rollenkarte auf das Gespräch vorzubereiten. Das Rollenspiel selbst wurde auf etwa 15 Minuten angelegt, jedoch nach spätestens 20 Minuten beendet, wobei die Tatsache, ob das Gespräch zu einem Abschluss geführt werden konnte oder nicht, ohne Einfluss auf die Beurteilung blieb.

Der beobachtende Prüfer verfügte über einen Beobachtungsbogen, welcher Verhaltenserwartungsskalen enthielt. Die einzelnen Skalen (Verhaltensdimensionen) wurden aus den Lernzielen des Seminars abgeleitet. Neben den Skalen bestand für den beobachtenden Prüfer zudem die Möglichkeit, sich besondere Beobachtungen in einer gesonderten Spalte festzuhalten. Die Skalen waren zudem nach den für einzelne Gesprächsphasen relevanten Kriterien geordnet, sodass der Prüfer bei seiner Beobachtung jeweils weniger relevante Skalen ausblenden konnte.

Durch diese Kombination von schriftlichem und mündlichem Prüfungsteil wurden Wissen und Fertigkeiten beurteilt: sowohl kognitive Analysefähigkeiten in klar abgrenzbaren Kommunikationseinheiten und Fertigkeiten in komplexen simulierten Beratungsgesprächen wurden geprüft.

4.2 Beurteilungen im Fallbeispiel – Beurteilung des Fallbeispiels

Was kann nun bei diesem Fallbeispiel im Hinblick auf Gültigkeit, Zuverlässigkeit, Ökonomie und Chancengleichheit festgehalten werden? Durchführungsobjektivität sollte durch die Standardisierung beider Prüfungen erreicht werden. Dies fiel im schriftlichen Teil vergleichsweise leicht, indem die Prüfungsbedingungen – Zeit, erlaubte Hilfsmittel, Abfolge der Aufgaben sowie die Art der Bearbeitung (verbale, schriftliche Erläuterung) – für alle Prüflinge gleich waren. Für den mündlichen Teil bewirkten die Rollenkarten eine gewisse (wenn auch geringe) Vereinheitlichung der Prüfungssituation. Die Autoren sind sich dabei bewusst, dass es nicht möglich ist, für zwei Prüflinge eine exakt gleiche Situation zu erzeugen. Sie führen zudem an, dass dies auch nicht Sinn eines Rollenspieles sein kann, in dem ein dynamisches Agieren und Reagieren auf einen Kunden beurteilt werden soll. Zu enge Vorgaben würden ein individuelles Eingehen auf den Prüfling verhindern. Im Ergebnis würde eine höhere Durchführungsobjektivität mit einer geringeren Validität bezahlt werden (Dumpert et al. 2002, S. 166).

Der Anspruch auf Auswertungsobjektivität wurde aufgenommen, indem Beobachtung und Bewertung getrennt wurden. Bei der schriftlichen Prüfung erfolgte diese Trennung durch die Aufgaben selbst, welche in der Prüfung beantwortet und anschließend korrigiert wurden, bei der mündlichen Prüfung durch den Beobachtungsbogen. Für die Wissensfragen wurden den Korrektoren präzise Musterlösungen an die Hand gegeben, anhand derer die Antworten zu bewerten waren. Für die Anwendungsfragen (Wissen im situativen Kontext, Artikulations- und Interpretationsfähigkeiten) konnten ex ante keine eindeutigen Zuordnungen in ‚richtig' und ‚falsch' erstellt werden. Daher wurden Lösungs*hinweise* entwickelt, die anhand von Bewertungskriterien einen Lösungsraum umrissen. Die Korrektur der Antworten wurde mit den Korrektoren anhand konkreter Antworten eingeübt, zudem wurde empfohlen, zu den schriftlichen Korrekturen einen Zweitkorrektor einzuplanen.

Interpretationsobjektivität sollte für beide Teile der Prüfung vor allem durch die Schulung der Prüfer erreicht werden. Bei der mündlichen Prüfungen erfolgte die Beurteilung zudem in gemeinsamem Diskurs zwischen dem beobachtenden und dem am Rollenspiel teilnehmenden Prüfer. Beide mussten ihre Erfahrungen und Beobachtungen abgleichen und ihre Beurteilung auf einem weiteren Bogen festhalten. Dieser diente als Grundlage für das folgende Feedbackgespräch mit dem Prüfling.

Gültigkeit wurde hergestellt, indem die Beurteilungskriterien beider Prüfungsteile aus den Lernzielen des Seminars begründet und für alle Teilnehmer transparent gemacht wurden. Die Lernziele selbst wurden aufbauend auf das Grundmodell sozial-kommunikativen Handelns (vgl. Euler/Reemtsma-Theis 1999) durch ein mehrschrittiges „curriculares Konzept zur Ermittlung sozialkommunikativer Lernziele" (vgl. Dumpert et al. 2002, S. 48-65) dediziert begründet. Förderung und Prüfung hatten auf diese Weise direkten Bezug zueinander, wodurch der Forderung nach einem geschlossenen Konzept sozialer Kompetenz entsprochen wurde. Die Beurteilung selbst erfolgte für den schriftlichen Teil in Form einer Note, was angesichts des kriterienorientierten Ansatzes vertretbar erscheint. Die Beobachtungen der mündlichen Prüfung wurden dem Prüfling in einem gemeinsamen Feedbackgespräch im Sinne einer formativen Beurteilung erläutert. Dieses Vorgehen ermöglichte dem Prüfling nicht nur eine gezielte Weiterentwicklung seiner Fertigkeiten sondern wurde auch der Subjektivität des Beobachtungsprozesses gerecht: eventuelle unterschiedliche Sichtweisen zwischen Prüfling und Prüfern konnten im Nachgang diskutiert werden.

Im Hinblick auf das Kriterium ‚Ökonomie' ist das hier dargestellte Beurteilungsverfahren verhältnismäßig aufwendig. Während sich die Erstellung der schriftlichen Prüfung noch in vertretbarem Rahmen bewegte, erforderte die Schulung der Korrektoren und der Einsatz von Zweitkorrektoren einen besonderen Aufwand. Ähnliches gilt für den mündlichen Teil. Die Vorbereitung der Rollenkarten und der Einsatz von regelmäßig zwei Prüfern pro Kandidat bedeuten einen erheblichen Mehraufwand gegenüber den bestehenden Regelungen in der beruflichen Erstausbildung. Wenn man mit ‚normalen' Mitteln des Ausbildungsalltags Vorlieb nehmen muss, bleibt nur die Möglichkeit, die Ansprüche an die Beurteilung zu senken.

Das Verfahren wird ferner dem Anspruch auf Chancengleichheit gerecht, da das Seminar und die damit verbundenen Praxisübungen für alle Teilnehmer gleichermaßen zugänglich waren und sowohl in mündlicher wie schriftlicher Prüfung für alle Prüflinge soweit als möglich gleichwertige Situationen erzeugt wurden.

5 Schlussbetrachtung und Perspektiven

Abschließend sollen entlang der im ersten Kapitel aufgerissenen Kernfragen Antworten für die Beurteilung sozialer Kompetenzen skizziert werden.

Bei Sozialkompetenzen ist das *Beurteilungsobjekt* (das „Was" der Beurteilung) differenziert zu betrachten. Es können drei Ebenen unterschieden werden, die jeweils entsprechender Beurteilungsmethoden bedürfen: Wissen kann mit Methoden ähnlich denen der gängigen kognitiven Lernerfolgskontrollen beurteilt werden; Einstellungen können schwerlich direkt ermittelt werden und bedürfen einer separaten Betrachtung; für Fertigkeiten bieten sich Verhaltensbeobachtungen an, wobei verschiedene Variationen möglich sind, die je nach vorhandenen Mitteln konstruiert und angewendet werden können.

In Bezug auf *Anforderungen* an Beurteilungsverfahren ist es jedoch nicht möglich, absolute oder objektive Kriterien für soziales Handeln (Fertigkeiten) zu finden, da diese je nach kulturellem Rahmen, in dem sich die Beurteilung bewegt, unterschiedlich sind (Seyfried 1995, S. 137). Im Bereich der Sozialkompetenzen gibt es zurzeit keine einheitliche Vorstellung bzw. kein allgemein anerkanntes Konzept, wie es für Fachkompetenzen i.d.R. vorliegt[5]. Dennoch müssen für eine gezielte Förderung und Beurteilung präzise Lernziele festgelegt werden. Ob diese aus einem elaborierten Konzept curriculum-

---

[5] Bei genauerer Betrachtung wird allerdings auch die geringe Einheitlichkeit von fachwissenschaftlichen Strukturen sowie die hohe Subjektivität ihrer Beurteilung augenscheinlich. Die Aussagekraft einer Note im Fach Betriebswirtschaftslehre dürfte wohl schon innerhalb einer Schule von Lehrkraft zu Lehrkraft stark variieren.

theoretisch differenziert begründet oder beispielsweise in Absprache mit den Lernenden festgelegt werden, kann in Bezug auf die Möglichkeit, sie zielgerichtet fördern und beurteilen zu können, zunächst vernachlässigt werden. Wichtig ist, dass sie situationsspezifisch präzisiert werden. Dabei muss von Handlungsanforderungen ausgegangen werden, die für die Praxis der Lernenden relevant sind, die Lernvoraussetzungen der Zielgruppe sowie entsprechenden Fachinhalte müssen einfließen[6]. Lehrende müssen dazu befähigt werden, für ihre Zielgruppe adäquate Sozialkompetenzen in Form von Lernzielen begründen zu können, um darauf aufbauend entsprechende Beurteilungsverfahren zu entwerfen. Dem Mangel an allgemein anerkannten Bewertungskriterien kann begegnet werden, indem der Beurteilungsprozess transparent gemacht wird, d.h. indem Ausgangspunkte und Ziele offengelegt und Beobachtung und Bewertung voneinander getrennt werden.

Gültigkeitsansprüche an Verhaltensbeobachtungen müssen zudem bezogen auf die Lernorte Schule und Betrieb unterschieden werden. Der Betrieb hat in der Regel das Bestreben, seine Mitarbeiter in die Kultur des Unternehmens zu integrieren und sucht in der Verhaltensbeobachtung einen möglichst guten Prädiktor für seine Personalentwicklung. Betriebliche Beurteilungskriterien müssen daher weniger valide, weniger ‚allgemein akzeptiert' sein. Hingegen strebt die Schule über ihren Erziehungsauftrag an, die Schüler individuell auf dem Weg zu mündigen Menschen zu unterstützen. In bestimmten Bereichen spielen gesellschaftlich etablierte Werte dabei zwar eine große Rolle und sollen auch gefördert werden, in anderen Bereichen sollen unterschiedliche Einstellungen und damit Verhaltensweisen jedoch zugelassen werden. Subjektive Einflüsse seitens der Lehrenden müssen daher in der Schule wesentlich sensibler reflektiert und gehandhabt werden.

Die ökonomischen Ansprüche müssen mit den zur Verfügung stehenden Ressourcen in Übereinstimmung gebracht werden. Ein Weg muss gefunden werden, der einerseits wissenschaftlichen Ansprüchen genügt und möglichst viele wahrnehmungsverzerrenden Effekte ausschließt, dessen Aufwand zur Vorbereitung und Durchführung sich andererseits, abhängig von den zur Verfügung stehenden Mitteln und den Zielen der Beurteilung, in einem vertretbaren Rahmen bewegt. Metzger (1997) hingegen konstatiert in diesem Zusammenhang, „dass der Ökonomie […] kein Primat zukommen kann. Sie

---

[6] In der Schweiz wurden im Rahmen der *Reform der kaufmännischen Grundbildung (RKG)* für den gesamten Bereich der kaufmännischen beruflichen Erstausbildung Leistungszielkataloge erstellt, innerhalb derer Sozialkompetenzen mit Bezug auf einzelne Fachkompetenzen als eigene Lernziele ausgewiesen wurden. Vgl. Nenniger, P. et al., (2001) sowie www.rkg.ch.

wird erst dann in Betracht zu ziehen sein, wenn zwei gleich gültig scheinende Prüfungsmethoden unterschiedlich aufwendig sind" (S. 529). Was den Punkt der Chancengleichheit angeht, besteht weniger Diskussionsbedarf. Sie lässt sich in der Regel relativ einfach in der Praxis umsetzen.

Was *Ziele, Maßstäbe, Art* und *Zeit* der Beurteilung angeht, bringt ein formativer Umgang mit den Ergebnissen mehrere Vorteile mit sich. Eine gemeinsame Diskussion über die Ergebnisse der Bewertung macht unumgängliche subjektive Elemente der Wahrnehmung transparent. Zudem können Rückmeldegespräche als Anlass für beide Seiten gesehen werden, ihre Sozialkompetenzen weiter zu entwickeln. Dabei eignet sich eine Orientierung an Individualnormen oder aufgabenbezogenen Normen besser als ein gruppenbezogener Maßstab. Der Prozess der individuellen Förderung kann dadurch unterstützt werden, dass die formative Beurteilung – je nach Möglichkeiten – nicht einmalig bleibt, sondern bereits im Voraus begleitend für eine Ausbildung (oder einen Ausbildungsabschnitt) angelegt ist. Damit würde der punktuelle Charakter, der einer Beurteilung stets anhaftet, relativiert werden. Gleichzeitig können Elemente der Selbstreflexion seitens des Beurteilten eingebaut werden, wodurch dessen Reflexionsfähigkeiten im Rückmeldegespräch gefördert werden können. Diesbezüglich ist ein gemeinsames Gespräch einem schriftlichen Feedback vorzuziehen. Die Beurteilung selbst lässt sich sicherlich treffender in Form eines freien Textes festhalten denn mit einer Ziffernnote, da das Konstrukt ‚Sozialkompetenzen' keine hinreichende Einheitlichkeit aufweist, die eine unmissverständliche Interpretation der Note implizieren würde.

Sozialkompetenzen stecken noch in den Kinderschuhen, was den Bereich der beruflichen Erstausbildung angeht. Vorläufig erscheint ihre Förderung einfacher als die Beurteilung. Ein großes Potenzial zur Entwicklung ‚guter' Beurteilungsverfahren liegt sicherlich auch in den Schulen, da Lehrer aufgrund ihrer Ausbildung prinzipiell in der Lage sind, Lernziele zu begründen und mit den oben beschriebenen Problemen der Wahrnehmung und Beurteilung umzugehen. Sofern ein ernsthafter Wille zur Förderung und Beurteilung von Sozialkompetenzen besteht, müssen Lehrende in den Schulen nicht vor den hohen Hürden perfekt erscheinender Beurteilungskonzepte zurückschrecken. Wie in Kapitel 3.2 gezeigt wurde, lassen sich die Objektivitätsansprüche durch ausgefeilte Verfahren fast beliebig hochschrauben, ebenso ist kein Verfahren frei von berechtigter Kritik. Das Feld der Beurteilung sozialer Kompetenzen in den Schulen ist noch relativ neu und offen für Erfahrungen, alltagstaugliche Konzepte gibt es bisher nur sehr wenige. Lohaus stellt fest, dass die durchschnittliche Korrelation zwischen Urteilsfehlern und Genauigkeit 5 % beträgt, d.h. „daß Urteilsverzerrungen nicht einfach ein indirektes Maß für die Urteilsgenauigkeit sind" (Lohaus 1998, S. 44). Dies kann ermutigen, die wesentlichen Konstruktionsfehler zu beachten und mit einer übersichtlichen Anzahl einfacher Urteilsskalen anzusetzen. Liegen im Bereich der Förderung und Beurteilung von Sozialkompetenzen am Ende Chancen für die Schulen, ihrer Rolle im dualen Ausbildungssystem wieder mehr Gewicht zu geben?

Literatur

BLOOM, B.S./ENGELHARDT, M.D./FURST, E.J./HILL, W.H./KRATHWOHL, D.R. (1972): Taxonomie von Lernzielen im kognitiven Bereich. Weinheim und Basel: Beltz Verlag.

DUMPERT, M./EULER, D./HANKE, B./REEMTSMA-THEIS, M. (2002): Kundenorientierte Sozialkompetenzen als didaktische Herausforderung: Abschlussbericht des Modellversuchs „Modernisierung und Differenzierung der dualen Berufsbildung am Beispiel der Förderung von kundenorientierten Sozialkompetenzen". Nürnberg: Lehrstuhl für Pädagogik, insbesondere Wirtschaftspädagogik der Universität Erlangen-Nürnberg.

EULER, D. (1994): Didaktik einer sozio-informationstechnischen Bildung. Wirtschafts-, Berufs-, und Sozialpädagogische Texte, Band 22, Köln: Botermann & Botermann.

EULER, D. (2001a) : Bestandsevaluation Sozialkompetenz (unveröffentlichtes Papier). St. Gallen: Institut für Wirtschaftspädagogik an der Universität St. Gallen.

EULER, D. (2001b): Manche lernen es – aber warum? In: Zeitschrift für Berufs- und Wirtschaftspädagogik, 97. Band (Heft 3), S. 346–374.

EULER, D./REEMTSMA-THEIS, M. (1999): Sozialkompetenzen? Über die Klärung einer didaktischen Zielkategorie. In: Zeitschrift für Berufs- und Wirtschaftspädagogik, 95. Band (Heft 2), S. 168 -198.

KANNING, U.P. (1999): Die Psychologie der Personenbeurteilung. Göttingen: Hogrefe Verlag für Psychologie.

KOMPA, A. (1984): Personalbeschaffung und Personalauswahl. Basistexte Personalwesen, 4, Stuttgart: Enke.

LOHAUS, D. (1998): Kontexteffekte bei der Leistungsbeurteilung. Studienreihe Psychologische Forschungsergebnisse, Bd. 36, Hamburg: Verlag Dr. Kovač.

METZGER, C. (1997): Schülerbeurteilung in einer neuen Lehr-Lern-Kultur. In: DUBS, R./LUZI, R. (Hrsg.): 25 Jahre IWP: Tagungsbeiträge: Schule in Wissenschaft, Politik und Praxis. St. Gallen: Institut für Wirtschaftspädagogik, S. 519-544.

METZGER, C./DÖRIG, R./WAIBEL, R. (1998): Gültig prüfen: Modell und Empfehlungen für die Sekundarstufe II unter besonderer Berücksichtigung der kaufmännischen Lehrabschluss- und Berufsmaturitätsprüfungen. St. Gallen: Institut für Wirtschaftspädagogik.

NENNIGER, P./FREY, A./BALZER, L. (2001): Reform der kaufmännischen Grundausbildung: Innovationen, Implementation und Evaluation. Band 1, Landau: Verlag Empirische Pädagogik.

NEUBAUER, R. (1996): Beobachten, Interpretieren, Entscheiden. In: ARBEITSKREIS ASSESSMENT CENTER, e.V. (Hrsg.): Assessment Center als Instrument der Personalentwicklung: Schlüsselkompetenzen – Qualitätsstandards – Prozessoptimierung. Hamburg: Windmühle Verlag und Vertrieb von Medien, S. 164-176.

OBERMANN, C. (1992): Assessment Center Entwicklung, Durchführung, Trends. Wiesbaden: Gabler.

SCHMIDT, J. U. (1995): Psychologische Messverfahren für soziale Kompetenzen. In: SEYFRIED, B. (Hrsg.): „Stolperstein" Sozialkompetenz. Was macht es so schwierig, sie zu erfassen, zu fördern und zu beurteilen? Berlin: Bundesinstitut für Berufsbildung, S. 117-135.

SEYFRIED, B. (1995): Die Illusion ‚objektiver' Beurteilungen. In: SEYFRIED, B. (Hrsg.): „Stolperstein" Sozialkompetenz. Was macht es so schwierig, sie zu erfassen, zu fördern und zu beurteilen? Berlin: Bundesinstitut für Berufsbildung, S. 137-152.

SPINATH, B. (2002): Soziale Kompetenzen: Entschlüsselung einer Schlüsselkompetenz aus psychologischer Sicht. In: PÄTZOLD, G./WALZIK, S. (Hrsg.): Methoden- und Sozialkompetenzen – ein Schlüssel zur Wissensgesellschaft? Bielefeld: W. Bertelsmann, S. 17-28.

THORNDIKE, R.L. (1920): Intelligence and its uses. In: Harper´s Magazin, 140, S. 227-235.

THORNDIKE, R.L. (1936): Factor analysis of social and abstract intelligence. In: Journal of Educational Psychology, 27, S. 231-233.

TRIANDIS, H.C. (1971): Attitude and Attitude Change. Wiley Foundations of Social Psychology Series, New York: John Wiley & Sons.

ANNE BUSIAN

Erfassung und Bewertung von Projektarbeit im Modellversuch „INTRALOK"

Im Rahmen des BLK-Modellversuchs „Innovationstransfer in der Lernortkooperation" (INTRALOK) sind in verschiedenen Ausbildungsberufen (Industriemechaniker Produktionstechnik, Fachinformatiker beider Fachrichtungen, Kfz-Mechaniker) lernortkooperative Ausbildungsprojekte entwickelt und erprobt worden. Da insbesondere die Ausbilder aus der Metallindustrie (HDM AG) und aus dem IT-Bereich (SAP AG) von innovativen Ansätzen der Auszubildendenbeurteilung berichteten, kristallisierte sich das Anliegen heraus, in gemeinsamen Ausbildungsprojekten Möglichkeiten zu eruieren, die Auszubildenden bei der Einschätzung ihrer Kompetenzentwicklung auch in der Berufsschule zu unterstützen. Der folgende Beitrag soll aufzeigen, welcher Weg zur Implementation eines Einschätzungsinstrumentariums in den Industriemechaniker-Fachklassen eingeschlagen wurde und diskutiert einige ausgewählte Entscheidungsfelder.

1 Ausgangslage

1.1 Der Einschätzungsanlass: Das lernortkooperative Projekt „Demontage und Montage einer Vielzweckmaschine"

Ausgangspunkt der Modellversuchsaktivitäten der Lehrer der Hubert-Sternberg-Schule, Wiesloch, im Berufsfeld Metall war die Zielsetzung, im Zuge lernortkooperativer Projektarbeiten die Kooperation mit Ausbildern der Heidelberger Druckmaschinen AG (HDM) zu vertiefen. Dieses Unternehmen stellt jährlich im Ausbildungsgang „Industriemechaniker/in Produktionstechnik" drei Firmenklassen mit insgesamt etwa 66 Auszubildenden; die Schule arbeitet hier somit nur mit einem Ausbildungsunternehmen zusammen, das aber allein über 17 hauptamtliche Ausbilder im Metallbereich verfügt (vgl. Intralok-Zwischenbericht 2001).

Im ersten Ausbildungsjahr bildet das Projekt „Vielzweckmaschine" den Kern der Kooperation zwischen Lehrern der Hubert-Sternberg-Schule und Ausbildern der HDM. Im Projektzeitraum von 24 Unterrichtsstunden, die sich über ein Schulhalbjahr erstrecken, demontieren die Schüler in Partnerarbeit verschiedene Baugruppen einer Hobbymaschine (Reitstock, Bettschlitten, Spindelstock, Bohr- und Frässpindel), beheben Funktionsstörungen und bauen sie anschließend wieder zusammen; die Projektphasen folgen grundsätzlich dem Modell der vollständigen Handlung, eingeräumt werden muss, dass im Rahmen des Projekts relativ wenig Gestaltungsfreiräume hinsichtlich der Lösungswege bestehen: Bei der Demontage- und Montagetätigkeit gibt es letztlich – analog zu entsprechenden betrieblichen Aufgabenstellungen – oft nur einen einzigen fachlich korrekten Weg.

Das Projekt findet in den Technologiepraktikum-Räumen und Unterrichtszeiten der Schule statt, wird dort aber nicht nur vom Lehrer der Klasse, sondern zugleich auch von dem für sie zuständigen Ausbilder der betrieblichen Lehrwerkstatt betreut. Die erforderlichen Maschinen hat das Ausbildungsunternehmen der Schule zur Verfügung gestellt. Im zurückliegenden Modellversuchsjahr wurde das Projekt von Lehrern und Mitarbeitern der HDM-Ausbildung erheblich weiterentwickelt:

1. Systematischer als in den Vorjahren geht dem schulischen Projekt eine betriebliche Erkundungsphase in Lerncentern voraus, im Rahmen derer die Auszubildenden in Kleingruppen unter Anleitung von weiter fortgeschrittenen Auszubildenden aus dem 3. Jahr die hohe betriebliche Bedeutung von Montagearbeiten in Theorie und Praxis kennen lernen.

2. Erstmalig wurde das schulische Projekt in diesem Jahr nicht durch Leittexte, sondern durch ein Computer Based Training unterstützt. Mit Hilfe des Autorenwerkzeugs „Mediator" haben ein Fachtheorie-Lehrer und ein Betriebspraktikant der HDM AG die Leittexte für den PC umgesetzt, Hypertexte erstellt, Videosequenzen integriert und weiterführende Lernaufgaben ergänzt. Die Auszubildenden konnten während des Projekts auf das Programm zugreifen, da ihnen jeweils paarweise nicht nur eine Vielzweckmaschine, sondern auch ein PC zur Verfügung stand. Lehrer und Ausbilder konnten – wie bisher auch – bei Problemen kontaktiert werden. Wichtig für das Thema dieses Beitrags ist in diesem Kontext, dass beide Betreuer mehr Zeit als in den Vorjahren hatten, die Auszubildenden bei ihren Arbeiten zu beobachten, da sie weniger Hilfestellungen als zuvor geben mussten.

1.2 Zum Hintergrund: Die Einschätzungspraxis im Ausbildungsunternehmen Heidelberger Druckmaschinen AG [1]

Durch den verstärkten Austausch zwischen Lehrern und Ausbildern im Modellversuchsverlauf entwickelte sich der gemeinsame Wunsch, im Rahmen der schulischen Projektarbeit nicht nur die Fachkompetenz der Schülerinnen und Schüler einzuschätzen, sondern in Anlehnung an das betriebliche Vorgehen zu einer ganzheitlichen Einschätzung der Lernfortschritte zu gelangen. Bei der Heidelberger Druckmaschinen AG kommt seit mehreren Jahren in allen Ausbildungsberufen[2] ein prozessorientiertes dreistufiges Einschätzungsverfahren zur Anwendung: Zu Beginn eines jeden Ausbildungsabschnittes in der Lehrwerkstatt (1. Ausbildungsjahr), in einem Lerncenter (2./3. Ausbildungsjahr) oder in einer Fachabteilung (3./4. Ausbildungsjahr) besprechen die Auszubildenden im Rahmen eines *Einführungsgesprächs* (Gruppen- oder Einzelgespräch) mit ihrem Ausbilder bzw. Ausbildungsbeauftragten die Ausbildungsziele dieses Zeitraums. Hier ist es möglich, neben den vom Ausbilder ausgearbeiteten Lernzielen zusätzlich individuelle Anpassungen vorzunehmen; beides wird in Vordrucken des sogenannten „Entwicklungsbogens" differenziert nach angestrebten Fach-, Methoden- und Sozialkompetenzen festgehalten.

Etwa nach der Hälfte der Verweildauer in einem Bereich bzw. einer Abteilung führen Ausbilder und Auszubildende ein *Zwischengespräch*. Im Vorfeld des Gesprächs markieren die Auszubildenden und der Ausbilder getrennt voneinander auf einer Profilleiste neben den vereinbarten Ausbildungszielen, inwieweit sie die Ziele bereits für erreicht halten. Die Leiste hat folgende Einteilung:

---

[1] Grundlage dieser Darstellung sind der HDM-interne „Leitfaden zur Entwicklungsmappe" sowie mündliche Erläuterungen durch betriebliche Ausbilder und Auszubildende.

[2] Ausbildungsberufe bei HDM: Drucker/in, Fachinformatiker/in Fachrichtung Anwendungsentwicklung, Gießereimechaniker/in, Industriemechaniker/in Fachrichtung Produktionstechnik, Industriemechaniker/in Fachrichtung Gerätetechnik, Industrieelektroniker/in Fachrichtung Produktionstechnik, Industrieelektroniker/in Fachrichtung Gerätetechnik, Mechatroniker/in, Mediengestalter/in, Modellbaumechaniker/in.

Im Gespräch sollen laut Leitfaden zur Entwicklungsmappe keine allgemeinen Bewertungen der Person besprochen werden, sondern beobachtete Handlungen des Auszubildenden und die daraus resultierenden Einschätzungen des Ausbilders. Im Anschluss an das Gespräch hält der Auszubildende im Mantelteil des Bogens fest, was er in der nächsten Zeit verbessern möchte, was er selbst dafür tun und inwieweit er auf Unterstützungen des Ausbilders zurückgreifen möchte. Gegebenenfalls hält der Ausbilder außerdem Maßnahmen fest, die eingeleitet werden sollen, um einzelne Lernziele, die bislang nicht erreicht wurden oder vertieft werden sollen, zu verfolgen.

Im *Abschlussgespräch* am Ende des Aufenthalts in einem Bereich wird – ebenfalls auf Grundlage ausgefüllter Profilleisten – diskutiert und festgehalten, ob die im Zwischengespräch besprochenen Vereinbarungen umgesetzt wurden, woran der Auszubildende im nächsten Bereich verstärkt arbeiten will und welche Unterstützungen er hierzu wünscht. Außerdem notieren der Auszubildende und der Ausbilder, was der Auszubildende besonders gut kann und gerne macht bzw. welche Fähigkeiten und Neigungen erkannt wurden. Ausbilder und Auszubildender unterzeichnen den Entwicklungsbogen, der Bestandteil der Entwicklungsmappe des Auszubildenden wird.

Neben den Entwicklungsbögen gibt es einen *Rückmeldebogen*, der an den Ausbildungsbereich und an die Ausbildungsleitung geht; hier hält der Auszubildende fest, was ihm in einer Abteilung gefallen hat und was er ändern würde.

Ziel des Einschätzungskonzeptes ist es, den Ausbildungsprozess so zu begleiten, dass für den Auszubildenden sein Entwicklungsstand transparent wird und er lernt, seine Fähigkeiten einzuschätzen und möglichst selbst nach Verbesserungsmöglichkeiten zu suchen. Darüber hinaus soll er durch das Verfahren darauf vorbereitet werden, dass nach dem Ende der Ausbildungszeit auch Zielvereinbarungen und darauf aufbauende Mitarbeitergespräche Bestandteile der Personalführung bei der Heidelberger Druckmaschinen AG sind. Die Dokumentation der individuellen Entwicklungen ist außerdem eine der Grundlagen für betriebliche Personalentscheidungen wie Verkürzung der Ausbildung oder Wahl der späteren Einsatzabteilung.

2   Der Implementationsprozess des Einschätzungskonzepts

Anknüpfend an diese betrieblichen Erfahrungen wurde im Modellversuch INTRALOK von Vertretern beider Lernorte gemeinsam mit der Wissenschaftlichen Begleitung ein Einschätzungsinstrumentarium für die kooperativ betreute Projektarbeit entwickelt:

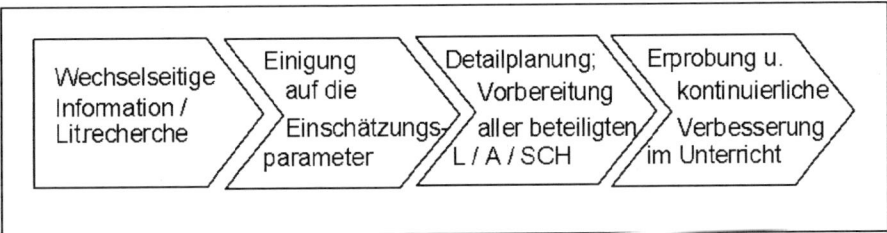

Abb. 1: Phasen bei der Entwicklung des Instrumentariums

Bewährt hat es sich, in einem *ersten Schritt* eine *‚Bestandsaufnahme'* durchzuführen, in der sich Lehrer und Ausbilder darüber austauschen, welche Kompetenzdimensionen des Auszubildenden/Schülers sie überhaupt bislang in eine Einschätzung oder Beurteilung einbeziehen, wie sie diese Kompetenzen ermitteln und welche Folgen sich z.B. ergeben, wenn ein Lernender die an ihn gestellten Anforderungen nicht erfüllt.

Im Modellversuch INTRALOK waren nach dieser Phase manche Beteiligte ein wenig desillusioniert, waren sie doch im Anfang sehr auf das HDM-Modell fixiert und mussten nun erkennen, dass es nicht 1:1 auf den schulischen Kontext übertragbar war: Insbesondere die Zwischen- und Abschlussgespräche schienen in der praktizierten Form nicht transferierbar, da die Ausbilder von Einzelgesprächen mit den Auszubildenden berichteten, die je nach Problemlage 45 bis 90 Minuten pro Gespräch dauern. Hieraus folgte, dass für die Schule ein anderes Feedbackverfahren notwendig wurde.

Hinzu kam, dass durch das Fachlehrerprinzip und die Organisation des Unterrichts in Form von Kurzblöcken die Berufsschullehrer die Schüler punktueller und insgesamt erheblich kürzer begleiteten als die verantwortlichen Ausbilder. Jeder Lehrwerkstattausbilder betreut beispielsweise im 1. Ausbildungsjahr eine Lerngruppe von 22 Schülern, die im Wechsel 2 Wochen im Betrieb und 1 Woche in der Schule verbringt. Während diese Schüler im Betrieb arbeiten, durchlaufen die beiden Parallelklassen (die ebenfalls jeweils einen eigenen HDM-Ausbilder haben) ihre Berufsschulwochen, sodass die

Lehrer in diesem Bildungsgang alle drei Parallelklassen im Wochenrhythmus unterrichten. Beschlossen wurde daher, das Einschätzungsinstrumentarium zunächst nur in den kooperativen Projekten zu erproben, in denen den Fachlehrern jeweils der HDM-Ausbilder, der die entsprechende Lerngruppe sehr gut kennt, zur Seite steht.[3]

Diese Ausgangsdiskussionen waren die Grundlage dafür, dass in einem *zweiten Schritt* gemeinsam geplant werden konnte, wie ein eigenes Einschätzungsinstrumentarium auszugestalten sei. Als sehr fruchtbar hat es sich im Modellversuch erwiesen, wenn an diesem Prozess in Form eines *Workshops* nicht nur Fachlehrer und Ausbilder eines Ausbildungsgangs beteiligt sind, sondern möglichst auch Lehrer aus dem berufsfeldübergreifenden Bereich, gegebenenfalls Lehrer aus anderen Bildungsgängen (z.B. Lehrer aus Bildungsgängen, in denen bereits Erfahrungen mit handlungsorientierten Prüfungskonzepten vorliegen) und Auszubildende selbst. Ob die Lerngruppe, die das Projekt durchführen wird, in die Konzeption einbezogen werden sollte (vgl. dazu das Beispiel bei Hohloch 2002) oder Auszubildende, die das Projekt bereits aus vergangenen Schuljahren kennen und daher bereits eine Vorstellung der zu erwerbenden Kompetenzen haben (wie im vorliegenden Beispiel), ist im Einzelfall zu entscheiden.

Wichtig war es in diesem Workshop, sich vom „Modell" des vorliegenden betrieblichen Einschätzungskonzepts zu lösen, um nicht bei den oben bereits erläuterten Transferproblemen zu verharren. Im Vorfeld des INTRALOK-Workshops wurden daher Informationen über andere schulische und betriebliche Einschätzungskonzepte aufgrund von Literaturrecherchen hinzugezogen (z.B. „Ausbildung im Dialog" der DaimlerChrysler AG, vgl. Ripper/Weisschuh 1999;[4] Beispiele für schulische Ansätze in Fast 2001). Es hat sich als hilfreich erwiesen, die Entscheidungsfelder mit allen jeweiligen Alternativen (aus den unterschiedlichen Konzepten) in Form eines morphologischen Kastens bzw. einer „Zwicky-Box" (vgl. Wyler 2002) an einer Pinnwand zu visualisieren; dazu wurden das Problem „Entwicklung eines Einschätzungsinstrumentariums" in Teilaspekte zerlegt und die unterschiedlichen Gestaltungsmöglichkeiten dieser Teilaspekte sukzessive und zunächst urteils-

---

[3] An dieser Stelle muss eingeräumt werden, dass der Einsatz des Einschätzungsinstrumentariums in der Schule derzeit noch als Insellösung gesehen werden muss: Insbesondere Vertreter fachtheoretischer Fächer insistierten, dass in ihrem Unterricht die frontalunterrichtliche Vermittlung von Fachkenntnissen im Mittelpunkt stehe und ein ganzheitlich orientiertes Einschätzungsinstrumentarium wenig sinnvoll sei.

[4] Vgl. den Beitrag von Maßon in diesem Band

frei aufgelistet. Während des Workshops wurden im Brainstorming weitere mögliche Ausprägungen aufgenommen, potentielle Lösungswege für die Teilprobleme und das Gesamtproblem diskutiert und einzelne Alternativen verworfen. Dieses Vorgehen hat den zuvor verengten Blick auf ein einzelnes Modell erweitern können.

In einem *dritten Schritt* waren vor dem Einsatz des Konzepts Detailfragen zu klären und *vorbereitende Aufgaben* durchzuführen. Z.B. waren die Beobachtungs- und/oder Einschätzungsbogen im Detail zu entwickeln, Kriterien im Team mit Leben zu füllen, die Schüler zu informieren und auf den Umgang mit dem Instrumentarium vorzubereiten.

Erst nach gründlicher Vorbereitung der Lehrenden und Lernenden konnte das Einschätzungsinstrumentarium in der Projektarbeit zum *Einsatz* kommen *(Schritt 4)*. Wichtig ist, dass das vorab entwickelte Konzept nicht unreflektiert bleibt: Erst Gespräche mit den Schülern und den beteiligten Lehrenden zeigen, ob Kriterien verstanden wurden, Feedbackverfahren praktikabel und das gesamte Einschätzungsinstrument hinreichend transparent für alle Beteiligten waren.

3   Diskussion ausgewählter Entscheidungen und Erfahrungen

3.1   Welche Kompetenzdimensionen sind Gegenstand der Einschätzung?

Im Modellversuch trafen Lehrer und Ausbilder die Entscheidung, neben Fachkompetenzen, die bereits bisher punktuell und produktbezogen (z.B. durch Arbeitsproben oder Tests zum Thema) beurteilt wurden, Methoden-, Sozial- und Individualkompetenzen in die Einschätzung einzubeziehen. Sie folgten dem HDM-Konzept (vgl. Kap. 1.2) insoweit, als sie Zielkompetenzen zusammenstellen wollten, die im Laufe des Projekts erworben werden sollten. Die Einschätzung der Kompetenzentwicklung sollte mit Hilfe einer diskreten Skala (mit Hilfslinien, so dass 4 Felder entstanden) erfolgen.

Mehrere Schwierigkeiten sind grundsätzlich bei der Formulierung von Zielkompetenzen zu berücksichtigen:

- In offenen Projekten ist es problematisch, bereits vor Beginn genau zu fixieren, welche Kompetenzen im Projekt gefördert werden; hier kann es sinnvoll sein, mit den Lernenden gemeinsam Ziele zu vereinbaren, aber im Projektverlauf kontinuierlich zu überprüfen, inwieweit diese Ziele relevant bleiben oder ob die Ausgangsdarstellung modifiziert werden muss. Im Rahmen des Projekts „Vielzweckmaschine" kam dieses Problem nicht zum Tragen, da diejenigen, die das Projekt bereits einmal betreut bzw. durchlaufen hatten, Verlauf und Ziele verhältnismäßig gut prognostizieren konnten. Den Lernenden blieb es aber im Projektverlauf überlassen, einzelne Zielkompetenzen aus der Liste zu streichen und im Gespräch zu begründen, warum sie nicht Gegenstand ihrer Arbeit geworden sind.

- Zur besseren Fassbarkeit und Übersichtlichkeit werden Kompetenzen i.d.R. in Kompetenzdimensionen (hier: Fach-, Methoden-, Sozial- und Individualkompetenzen) zerlegt. Einzuräumen ist, dass eine solche Aufspaltung stets künstlich ist, da Kompetenzen nicht isoliert, sondern in Kombination zur Anwendung kommen. Beheben zwei Schüler beispielsweise einen Fehler an ihrer Vielzweckmaschine, so benötigen sie dazu neben fachlichen Kenntnissen auch methodische Kompetenzen, Teamfähigkeit und nicht zuletzt die Motivation zur Ausführung der Arbeit. Die folgende Aufteilung (Definitionen aus Barth/Kugler/Ott 1999, S. 39) dient daher in erster Linie der leichteren Erfassbarkeit eines Kompetenzprofils (Abb. 2).

- Vor allem bei der Einschätzung von Sozial- und Selbstkompetenzen sind erhebliche Performanz-Kompetenz-Probleme einzuräumen; es ist nur möglich, „das Verhalten zu beobachten, welches sich in einer konkreten Problemsituation manifestiert (Performanz), ohne daraus zwingend Rückschlüsse auf vorhandene Kompetenzen ziehen zu können" (Walzik 2002, S. 8). Soziale Fähigkeiten sind nicht direkt beobachtbar, so dass Beurteilungskriterien aus beobachtbaren Verhaltensmerkmalen abgeleitet werden müssen. Beobachtbar ist stets nur ein „spezifischer Ausschnitt sozial kompetenten Verhaltens, bezogen auf spezifische situative Bedingungen" (Schuler/Barthelme 1995, S. 93). Beispielsweise lässt sich die soziale Fähigkeit, „Einzelinteressen und Gruppenaufgabe in Einklang zu bringen", nur aus dem Verhalten in entsprechend problemspezifischen Situationen ableiten, ihr Ausprägungsgrad ist „individuell in Relation zu den Situationen und den beteiligten Personen zu ermitteln" (Müter/Walter, 1995, S.

74). Dies ist zu berücksichtigen, wenn man bei der Beschreibung von Zielkompetenzen vor der Entscheidung steht, geeignete Kriterien zu formulieren und zu entscheiden, ob diese eher situationsbezogen oder eher abstrakt formuliert werden sollen.

Abb. 2: Kompetenzdimensionen im Projekt

3.2 Wie wird die Einschätzung methodisch ausgestaltet? / Wer nimmt die Einschätzung vor?

Bereits bei der Erläuterung der Einschätzungskriterien wurde auf das Kompetenz-Performanz-Problem als eine Schwierigkeit bei der Verhaltensbeurteilung hingewiesen. Beschäftigt man sich mit der methodischen Ausgestaltung eines Einschätzungsprozesses, so werden weitere Probleme deutlich:

Voraussetzung für eine Beurteilung ist die vorangehende Beobachtung des Lernenden. Diese Beobachtungen können unsystematisch (z.B. in Form von freien Notizen) oder systematisch (auf der Grundlage zuvor festgelegter Verhaltenskriterien) erfolgen; selbst bei systematischen Beobachtungen, so warnt Seyfried (1995, S. 142), darf man nicht der Illusion erliegen, eine objektive Beobachtung sei möglich, da eine Verhaltensbeobachtung stets mit selektiven Wahrnehmungen verbunden ist und nie ganz von interpretativen Faktoren befreit werden kann. Von der Zuverlässigkeit des Beobachtenden hängt allerdings maßgeblich die Reliabilität der erhobenen Daten ab (vgl. ebd.). Bei der Bewertung des beobachteten Sachverhalts in Form einer Beurteilung werden im starken Maße „berufsgefärbte implizite Persönlichkeitstheorien" (Seyfried, 1995, S. 143), Einstellungen und Werte der Beurteiler relevant, Subjektivität ist letztlich bei Verhaltensbeurteilungen also nie vermeidbar!

Aus diesen Überlegungen leiten sich für ein Einschätzungskonzept mehrere Folgen ab: Es sollte transparent sein, d.h. alle Beteiligten müssen die Entstehung eines Urteils nachvollziehen können, Gegenstand offener Kommunikation werden und, wenn möglich, durch Mehrperspektivität eine möglichst realistische Gesamtschau ermöglichen. Im vorliegenden Beispiel hat sich das INTRALOK-Team entschlossen, die Einschätzung als eine Kombination aus Fremdeinschätzungen durch das Lehrer-Ausbilder-Team sowie durch Mitschüler (Peers) und Selbsteinschätzungen aller Schüler anzulegen:

a) Fremdeinschätzung durch Lehrer und Ausbilder

Inwieweit die Schülerinnen und Schüler die vereinbarten *Fachkompetenzen* erworben haben, schätzen der *Lehrer* und der *Ausbilder* ein. Die Beobachtungsbedingungen sind im Vergleich zum Regelunterricht besser, da sie zu zweit nur etwa 11 Lernende betreuen müssen, da während des Projektunterrichts die Klasse geteilt wird. Dennoch berichten Lehrer und Ausbilder davon, dass sie nicht alle Schülerinnen und Schüler im gleichen Maße im Blick haben und eine Einschätzung aller nach 8-16 Unterrichtsstunden schwer fällt. Insbesondere bei Kompetenzen, die zu Beginn sehr ‚kleinschrittig' und sehr situationsbezogen formuliert waren, mussten die Beteiligten feststellen, dass sie es häufig ‚verpassten', alle Schüler bei genau diesem Vorgehensschritt zu beobachten. Das Abstraktionsniveau der zu beobachtenden Kompetenzen wurde daher im Zeitverlauf erhöht – um den Preis, dass eine Pauschalisierung der Einschätzungen riskiert wurde. Für das nächste Jahr ist daher geplant, gemeinsam eine Protokollierungsform zu entwickeln, in der beobachtete

Handlungen und ‚Auffälligkeiten' notiert werden können, um Beobachtung und Beurteilung stärker zu trennen und den Einschätzungsprozess transparent und ‚indizienbezogen' zu gestalten. Dies ist insbesondere dann wichtig, wenn – wie im vergangenen Schulhalbjahr geschehen – ein anderer Lehrer in der Mitte des Projekts die Klasse übernimmt bzw. Ausbilder einander aufgrund betrieblicher Verpflichtungen des öfteren vertreten müssen.

b) Fremdeinschätzung durch Teamkollegen

Die *Methoden-, Sozial- und Individualkompetenzen* werden durch den Mitschüler eingeschätzt, der mit einem Auszubildenden im Projekt arbeitet. Dieses *Peer-Rating* wurde von den Auszubildenden selbst sowohl für die betriebliche als auch für diese schulische Einschätzung eingefordert. Dies ist von Bedeutung, da Gleichgestelltenbeurteilungen nur dann akzeptiert werden, wenn sie nicht als ‚von oben angeordnet' empfunden werden (vgl. Seyfried, 1995, S. 149). In der Literatur zu betrieblichen Gleichgestelltenbeurteilungen finden sich Hinweise darauf, dass Kollegen nicht milder als Vorgesetzte beurteilen (vgl. Domsch/Gerpott/Jochum 1983, S. 177). Wenngleich gerade bei der Beurteilung von Sozialkompetenzen „der Grad sozialer Befangenheit [...] mit der Bindung an den/die anderen" (Müter/Walter 1995, S. 74) wächst, ist ein Einfluss von Freundschaftsbeziehungen auf das Peer-Urteil empirisch nicht nachweisbar (vgl. Domsch/Gerpott/Jochum 1983, S. 177). Darüber hinaus seien Kollegen eher als Vorgesetzte in der Lage, zwischen fachlichen Kompetenzen und anderen Kriterien zu differenzieren. Nachbefragungen der Beteiligten bestätigten, dass eine Gleichgestelltenbeurteilung insbesondere der Sozialkompetenzen als sinnvoll empfunden wurde, dass der Umgang mit der Skala jedoch einigen Schülern Schwierigkeiten bereitete. Bezogen auf die weitere Verwendung des Instrumentariums ist daher zu überlegen, ob eine stärkere Skalenverankerung vorzunehmen ist, die dem Beurteiler durch „Ankerstellen" feste Bezugspunkte gibt, an denen er sich orientieren kann. Eine Alternative zu den derzeitigen „+/-"-Skalierung wäre z.B. eine adjektivische oder verhaltensbezogene Beschreibung der Skalenstufen (vgl. Jochum 1987, S. 67f.). Einige Schüleraussagen deuten auch darauf hin, dass Mittelwerttendenzen und Korrelationstendenzen (Halo-Effekt) im Einschätzungsprozess aufgetreten sind; hier könnte gemeinsam mit dem Ausbildungsbetrieb über ein verstärktes ‚Beurteilertraining' auch für die Schüler nachgedacht werden, da auch im Unternehmen mittlerweile die Schüler einander einschätzen. Hier gilt die Forderung Seyfrieds (1995, S. 149): „Sowohl für die Implementierung eines solchen Verfahrens als auch für die gründliche Einarbeitung der einzelnen auf eine solche Beurteilungsform muß allerdings ausreichend Zeit und Raum gegeben werden."

c) Selbsteinschätzung

Zu diesen beiden Formen der Fremdbewertung kommt für *alle vier Einschätzungsdimensionen* eine *Selbstbewertung* hinzu. Dieses Element ist besonders bedeutsam, da es zu den vorrangigen Zielen des Einschätzungsinstrumentariums gehört, dass die Lernenden sich darin üben, Lernfortschritte und ihren Entwicklungsbedarf selbst einzuschätzen. Darüber hinaus dient die Selbsteinschätzung als wichtiges Korrektiv zu den beiden Formen der Fremdeinschätzung. Ob allerdings die eigenen Stellungnahmen auch die tatsächlichen Gefühle und Einschätzungen des Schülers preisgeben, hängt entscheidend vom Verhältnis zwischen Lehrer und Schülern und vom Beurteilungsprocedere selbst ab. Lippitz (1995, S. 43) warnt beispielsweise, dass die Selbsteinschätzung von Lerngruppen dann nicht zu verlässlichen Aussagen führt, wenn die Schüler oder Auszubildenden den Eindruck haben, die Antworten würden als „ein Pauschalurteil über die sozialen Kompetenzen im Zeugnis" festgehalten. Im Modellversuch INTRALOK haben die Schüler gemeinsam mit dem Lehrer ausschließlich die Einschätzungen ihrer Fachkompetenzen verglichen, die wechselseitigen Einschätzungen der Schüler hinsichtlich Methoden-, Sozial- und Individualkompetenz mussten dem Lehrer nicht offenbart werden, sondern verblieben in den Teams.

Bei der Befragung der Auszubildenden stellte sich heraus, dass sie gerade dieses Aufeinandertreffen unterschiedlicher Perspektiven unbedingt einfordern: Einschätzungen, in denen sie – durch den Lehrerwechsel bedingt – keine Rückmeldung durch den Lehrer oder Ausbilder erhalten haben, erlebten sie als unbefriedigend. Ob daraus allerdings generell abgeleitet werden kann, dass stets ein Urteil des ‚Vorgesetzten' als Ergänzung erforderlich ist, oder ob, wenn mehr Übung mit dem Einschätzungsinstrumentarium vorliegt und die Schülerinnen und Schüler noch stärker die Idee einer Selbststeuerung verinnerlichen, eine Fremdeinschätzung aus der Peer-Gruppe allein reicht, kann an dieser Stelle nicht abschließend beantwortet werden.

3.3 Wozu dient die Einschätzung? / Welche Folgen hat sie?

> Die Selbstkritik hat viel für sich.
> Gesetzt den Fall, ich tadle mich,
> so hab' ich erstens den Gewinn,
> daß ich so hübsch bescheiden bin;
> zum zweiten denken sich die Leut,
> der Mann ist lauter Redlichkeit;
> auch schnapp' ich drittens diesen Bissen
> vorweg den andern Kritiküssen;
> und viertens hoff' ich außerdem
> auf Widerspruch, der mir genehm.
> So kommt es denn zuletzt heraus,
> daß ich ein ganz famoses Haus.
>
> (Wilhelm Busch, in: Kritik des Herzens 1874)

Dieses Gedicht von Wilhelm Busch weist darauf hin, dass geäußerte Selbstkritik allein nicht ausreicht, um – wie im vorgestellten Projekt intendiert – die Entwicklung von Kompetenzen zu unterstützen. Mehrere Schritte müssen folgen:

Die verschiedenen Perspektiven werden im vorgestellten Projekt im Zuge von Einschätzungsgesprächen zusammengeführt. Ziel dieser Gespräche ist es zum einen, Selbst- und Fremdeinschätzungen zu vergleichen und Gründe für Abweichungen miteinander aufzuspüren. Diese Analyse des Ist-Zustands und der wechselseitigen Wahrnehmungen kann aber nur ein erster Schritt sein; Konsequenzen und Entwicklungen sind erst dann möglich, wenn sich die Beteiligten zum anderen darüber verständigen, wie die gemeinsame Arbeit weitergehen soll, welche Maßnahmen gegebenenfalls einzuleiten sind, um individuelle Schwierigkeiten oder Probleme im Zuge der Teamentwicklung zu beheben.

Diese Phase im Einschätzungskonzept ist die wichtigste und sicher zu Beginn auch schwierigste. Zu warnen ist vor dem Wunschglauben, dass Beurteilungen durch ihre ermahnende, aufrüttelnde, ermutigende oder anspornende Wirkungen quasi automatisch pädagogische Prozesse einleiten (vgl. Lehmkuhl, 1996, S. 64). Lehmkuhl weist unter Bezugnahme auf Ingenkamps Forschungsarbeiten aus den 70er Jahren darauf hin, dass zwar relativ sorglos „Informationen durch Beurteilungen weitergegeben werden, kaum je aber überprüft wird, ob die intendierten Wirkungen dieser Information auch eintreten" (Lehmkuhl, 1996, S. 65). Seyfried (1995, S. 146) führt dazu aus: „Die Annahme, daß rückgekoppelte Informationen von den Beurteilten positiv aufgenommen werden und zu einer Verhaltensänderung in die gewünschte Richtung führen, ist eine mechanistische Interpretation menschlichen Verhaltens und stark vereinfacht dargestellt." Sie weist darauf hin, dass die Reaktion auf eine Beurteilung zum einen von Persönlichkeitsmerkmalen, zum anderen von den Beziehungen der beteiligten Personen abhängt, die sich nicht zuletzt im Einschätzungsgespräch widerspiegelt. Bei der Gestaltung der Einschätzungsgespräche sind daher mehrere Grundsätze zu berücksichtigen:

- Das Beurteilungsgespräch muss von den Beteiligten ernst genommen werden, Lehrer und Ausbilder dürfen dem Auszubildenden nicht das Gefühl vermitteln, es handele sich nur um eine „lästige Pflichtübung" (Seyfried, 1995, S. 146), die – gar unter Zeitdruck – absolviert werden müsse.

- Alle Beteiligten an einem Beurteilungsgespräch sollten bereit sein, sich mit Kritik an ihren Urteilen auseinander zu setzen und gegebenenfalls ihre Einschätzungen zu modifizieren. Zwar kann nicht ignoriert werden, dass Beurteilungsgespräche zwischen Lehrern bzw. Ausbildern und Schülern von hierarchischen Abhängigkeiten mitgeprägt sind und „Redehemmungen und Sprechängste [...] die Äußerungsmöglichkeiten" der Heranwachsenden einschränken können (vgl. Seyfried, S. 146), aber erst, wenn der Schüler lernt, dass ein Beurteilungsgespräch keine Einwegkommunikation beinhaltet, sondern er aufgefordert ist, Einschätzungen anderer auch zu hinterfragen und mit seinem eigenen Erleben zu konfrontieren, ändert sich seine Rolle im Beurteilungsprozess. Er kann seine Rolle anders ausgestalten als es in der passiven Entgegennahme eines Fremdurteils sonst üblich ist (vgl. Seyfried 1995, S. 144).

- Im Gespräch muss hinreichend Raum gefunden werden, um Maßnahmen miteinander zu vereinbaren, die der Kompetenzentwicklung des einzelnen, aber auch der Entwicklung des Teams dienen. Im Modellversuch INTRALOK haben beispielsweise Schüler mit ihrem Lehrer vereinbart, welche fachlichen Fähigkeiten weiter ausgebaut werden sollten und überlegt, an welchem Lernort dies geschehen könnte. Daneben haben die Schülerteams aber auch interne Vereinbarungen getroffen, die z.B. die Arbeitsteilung im Team, die weitere Zeitplanung oder den Umgang mit dem Lernprogramm betrafen. Wichtig ist, dass derartige Vereinbarungen nicht nur festgehalten, sondern auch im weiteren Lern- und Arbeitsprozess überprüft werden. Im Modellversuch wurden daher die Vereinbarungen der ersten Feedbackschleife nach der Hälfte des Projekts schriftlich festgehalten und zum Projektende von den Beteiligten auf ihre Realisierung hin überprüft. Als problematisch hat es sich erwiesen, dass die Beteiligten nur in relativ großen Zeitabständen am Projekt arbeiteten, da sich jeweils 2 Wochen im Betrieb und eine Schulwoche abwechseln.

Nachdem in der bisherigen Darstellung die pädagogische Funktion der Einschätzung im Sinne einer Rückmeldung und Anregung zur Selbstreflexion im Mittelpunkt stand, ist zumindest kurz die Selektionsfunktion von Beurteilungen anzusprechen: Ohne an dieser Stelle die kontroverse Diskussion nachzeichnen zu wollen, ob die Benotung einer Leistung der prozessbegleitenden Einschätzung im Wege stehen muss, sei darauf hingewiesen, dass unterschiedliche Einschätzungsanlässe und -zielsetzungen die Zugrundelegung unterschiedlicher Bezugsnormen erforderlich machen: Beurteilungen, die den Lernfortschritt eines Jugendlichen ermitteln wollen, müssen sich der *individuellen* Bezugsnorm des früheren Lernstandes eben dieses Jugendlichen bedienen, während Beurteilungen mit selektiver Funktion mit *sozialen* oder *kollektiven* Normen operieren müssen, die die Leistungen des einzelnen an der Gruppen-/Klassenleistung messen. Schulnoten schließlich sind als *kriteriale* Normen dann sinnvoll, wenn es darum geht zu ermitteln, ob ein Jugendlicher gesetzte Anforderungen erfüllt, vorgegebene Ziele erreicht, definierte Kriterien erfüllt (vgl. Friede 1996, S. 8f; vgl. zu einer Bewertung der Bezugsnormen z.B. Sacher 2001, S. 42-55). Erst, wenn ein Einverständnis darüber erzielt worden ist, welches Ziel die Beurteilung verfolgt, kann die geeignete Bezugsnorm gewählt werden.

Im Modellversuch INTRALOK wählten die Beteiligten eine Kompromisslösung: Nur die Fremdeinschätzung der fachlichen Leistungen durch Lehrer und Ausbilder mündete in die Halbjahresnote ein, während die Selbst- und Peer-Einschätzungen zumindest vorerst nicht in die Notenfindung einbezogen werden. Dies führt dazu, dass die Einschätzung der Methoden-, Individual- und Sozialkompetenzen im Projekt nicht in die abschließende Zensur einmündete. Zwar wurde damit einerseits der ganzheitliche Anspruch der Einschätzung ein wenig konterkariert, andererseits konnte so der Schwerpunkt eher auf intraindividuelle Fortschritte denn auf interindividuelle Vergleiche gelegt werden. In der Nachbefragung stimmten die Schülerinnen und Schüler dieser Trennung weit gehend zu und wiesen darauf hin, dass ihre eigenen und wechselseitigen Einschätzungen eventuell von strategischen Überlegungen beeinflusst wären, ginge es dabei zugleich um die Findung von

Schulnoten. Das schriftliche Urteil der Auszubildenden zum Verfahren der Peer-Einschätzung fiel zufriedenstellend aus:

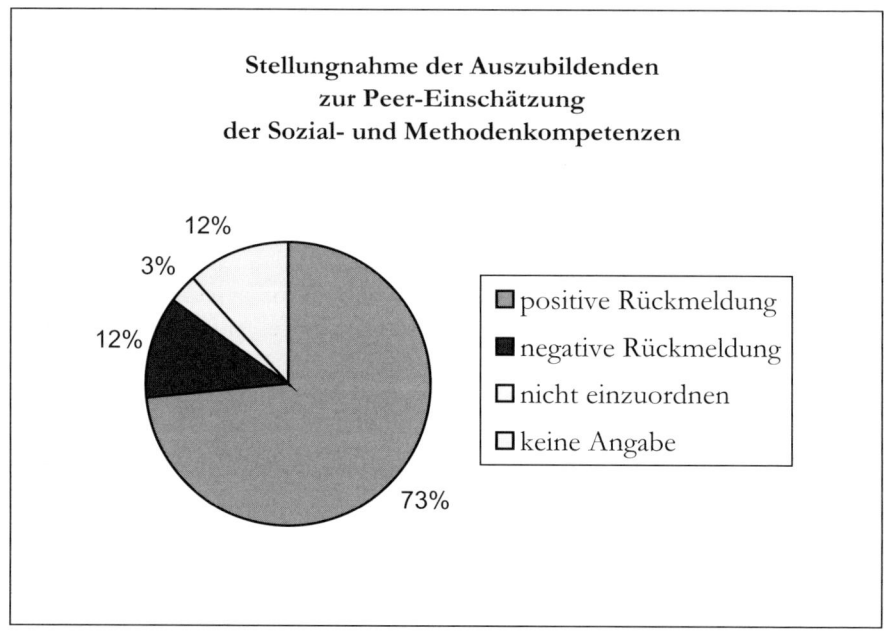

Abb. 3: Stellungnahmen der Auszubildenden

Besonders positiv hervorgehoben wurde von den Schülern,[5]...

... dass die Einschätzung nicht allein durch den Lehrer, sondern durch den Mitschüler erfolgte (10 Nennungen),

... dass man ein Feedback und die Gelegenheit erhält, das eigene Verhalten im weiteren Projektverlauf zu verändern (9 Nennungen),

... dass nicht allein die Fachkompetenz, sondern insbesondere auch die Teamfähigkeit zum Tragen kommt (7 Nennungen),

---

[5] Insgesamt wurden 60 Schülerinnen und Schüler schriftlich befragt, von denen aber nicht alle die Möglichkeit nutzten, ihre positive / negative Rückmeldung zum Einschätzungsverfahren in einem freien Antwortfeld näher zu begründen.

... dass die Teameinschätzung nicht in eine Schulnote einmündete (2 Nennungen).

Während weitere 3 Schüler das Verfahren gerade deshalb lobten, weil sie die Nähe zum betrieblichen Einschätzungsverfahren und zu betrieblichen Anforderungen sahen, hielt ein Schüler das Verfahren für unnötig, gerade weil ähnliches bereits im Unternehmen praktiziert werde. Auch der Punkt, ob Mitschüler zu einem besonders ehrlichen bzw. ‚neutralen' Urteil in der Lage sind oder ob die Schüler nach dem Prinzip „Keiner reitet den anderen rein" (Fragebogen M1/P1/10) urteilen, wurde unterschiedlich gesehen. Kritisch wurde außerdem angemerkt, dass die Zeit für eine „kompetente Bewertung" (M1/P3/7) zu kurz bemessen war. Diese Anregungen sollen bei einem erneuten Einsatz der Einschätzungsbögen berücksichtigt werden.

Insgesamt hat es sich als hilfreich erwiesen, bei der Gestaltung des Einschätzungsinstrumentariums stets den folgenden Vorschlag von Margarete Lippitz (1995, S. 51) zu berücksichtigen: „Lehrer/Lehrerinnen sollten sich die Frage stellen: Wie stehe ich dazu, wenn dieses Instrument bei der Beurteilung meiner Person zur Anwendung käme? Die Grenzen dieses Instrumentes zu erkennen fällt dann oft leichter."

Literatur

BARTH, P./KUGLER, D./OTT, B. (1999): Zur Diskussion gestellt: Förder- und Entwicklungsbeurteilung im Rahmen einer ganzheitlichen Berufsbildung. In: Berufsbildung, Heft 56, S. 36-40.

DOMSCH, M./GERPOTT, T.J./JOCHUM, E. (1983): Personalbeurteilung durch Gleichgestellte in industrieller Forschung und Entwicklung (F&E). In: Psychologie und Praxis. Zeitschrift für Arbeits- und Organisationspsychologie, 27. Jg., S. 173-182.

FAST, L. (Heftbetreuer, 2001). Schwerpunktheft „Lernerfolg bewerten". Unterricht Arbeit + Technik, 3. Jahrgang, Heft 9.

FRIEDE, C.K. (1996): Beurteilung beruflicher Handlungskompetenz. In: Berufsbildung, Heft 38, 50. Jahrgang, S. 5-10.

HOHLOCH, M. (2002): Selbstbewertung und Fremdbewertung. Produkt- und prozessbezogene Kriterien – Lernen im selbst gestalteten Bewertungsprozess. In: Unterricht Arbeit + Technik, 3. Jahrgang, Heft 9, S. 11- 13.

INTRALOK (2001): 1. Zwischenbericht zum BLK-Modellversuch: Innovationstransfer in der Lernortkooperation. Bedingungen für die Intensivierung und Verstetigung von Lernortkooperationen. Dortmund/Wiesloch (unveröffentlicht, Auszüge zum Download im Internet: www.intralok.de).

JOCHUM, E. (1987): Gleichgestelltenbeurteilung. Führungsinstrument in der industriellen Forschung und Entwicklung. Stuttgart.

LEHMKUHL, K. (1996): Beurteilung – Ein ungeliebtes Geschäft in der Ausbildung. In: LEHMKUHL, K./PROß, G.: Die Beurteilung von Sozialkompetenz in der betrieblichen Erstausbildung. Alsbach/Bergstraße, S. 31-99.

LIPPITZ, M. (1995): Förderung der sozialen Kompetenzen mit dem Schwerpunkt Berufsschule. In: SEYFRIED, B. (Hrsg.): „Stolperstein" Sozialkompetenz. Was macht es so schwierig, sie zu erfassen, zu fördern und zu beurteilen? Berichte zur beruflichen Bildung 179. Bielefeld, S. 33-51.

MÜTER, F./WALTER, H.-J. (1995): Beurteilungsgrenzen als Chance einer individuellen Förderung. In: SEYFRIED, B. (Hrsg.): „Stolperstein" Sozialkompetenz. Berichte zur beruflichen Bildung 179. Bielefeld, S. 67-76.

RIPPER, J./WEISSCHUH, B. (1999): Ausbildung im Dialog. Das ganzheitliche Beurteilungsverfahren für die betriebliche Berufsausbildung. Hrsg. von der DaimlerChrysler AG Bildungspolitik Konzern. Konstanz.

SACHER, W. (2001): Leistungen entwickeln, überprüfen und beurteilen. Grundlagen, Hilfen und Denkanstöße für alle Schularten. Bad Heilbrunn.

SCHULER, H./BARTHELME, D. (1995): Soziale Kompetenz als berufliche Anforderung. In: SEYFRIED, B. (Hrsg.): „Stolperstein" Sozialkompetenz. Berichte zur beruflichen Bildung, H. 179. Hrsg. vom Bundesinstitut für Berufsbildung, Bielefeld, S. 77-116.

SEYFRIED, B. (1995): Soziales Verhalten: Die Illusion „objektiver" Beurteilung. In: Dies. (Hrsg.): „Stolperstein" Sozialkompetenz. Berichte zur beruflichen Bildung, H. 179. Hrsg. vom Bundesinstitut für Berufsbildung, Bielefeld, S. 137-152.

WALZIK, S. (2002): Fachkompetenzen vs. Sozialkompetenzen – Parallelen und Probleme bei der Förderung und Prüfung. In: PÄTZOLD, G./WALZIK, S. (Hrsg.): Methoden- und Sozialkompetenzen – ein Schlüssel zur Wissensgesellschaft? Theorien, Konzepte, Erfahrungen. Bielefeld, S. 5-17.

WYLER, A. (2002); Morphologisches Institut: Zwicky-Box. Online im Internet, URL: http://www.morphologischesinstitut.ch/dokumente/zb.pdf (Stand: 12.08.2002).

JÜRGEN MAßON

Ausbildung im Dialog – AiD

1 Das Beurteilungsverfahren

Das Beurteilungsverfahren Ausbildung im Dialog für Auszubildende und für Studierende der Berufsakademie der DaimlerChrysler AG ist an den Anforderungen einer modernen Unternehmenskultur orientiert. Es gewährleistet eine ganzheitliche und differenzierte Beurteilung, auf deren Grundlage eine umfassende und individuelle Förderung der Auszubildenden erfolgt.

2 Anwendungsbereich

Das Beurteilungsverfahren Ausbildung im Dialog besitzt Gültigkeit für die Auszubildenden im Fahrzeuggeschäft der DaimlerChrysler AG. Es dient der Beurteilung sowohl im gewerblich-technischen als auch im kaufmännischen Bereich. Die Beurteilung ist kein einmaliger, abschließender Vorgang, sondern findet über die gesamte Ausbildungsdauer hinweg immer wieder statt. Daraus ergibt sich ein kontinuierliches Bild über die Entwicklung des Auszubildenden.

Ziel des Beurteilungsverfahrens ist es, die Auszubildenden darin zu unterstützen, eine umfassende berufliche Handlungskompetenz zu erwerben. Die Beurteilung dient zum einen der Ermittlung des aktuellen Qualifikationsstandes der Auszubildenden bezogen auf die Anforderungen des jeweiligen Ausbildungsbereiches und Lehrjahres; sie gibt also Aufschluss über die Erreichung fachlicher, methodischer und sozialer Lernziele. Zum anderen liefert sie Hinweise zur Förderung und Entwicklung der Auszubildenden.

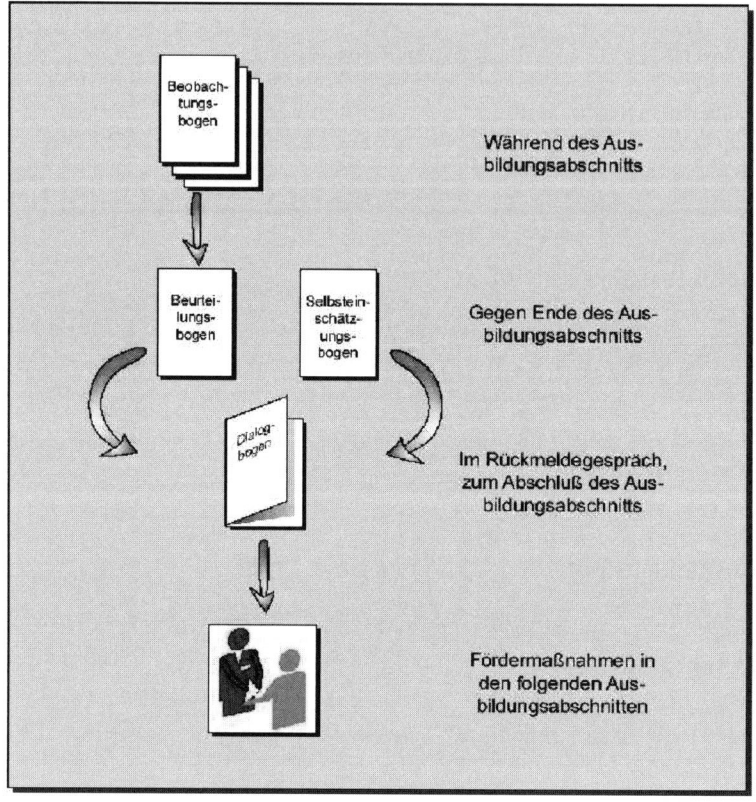

Abbildung 1: Ausbildung im Dialog – das Prinzip.

3 Die Grundgedanken

Das Beurteilungsverfahren baut im wesentlichen auf folgenden Grundgedanken auf:

3.1 Dialoggedanke

Das Verfahren fordert und fördert den Dialog zwischen allen Beteiligten. Ziel ist es, dadurch sowohl die Qualität der einzelnen Auszubildenden zu verbessern als auch die Ausbildung insgesamt weiterzuentwickeln.

3.2 Selbsteinschätzung

Das Verfahren bezieht die Auszubildenden aktiv in den Beurteilungsprozess mit ein. Zusätzlich zur Beurteilung der Auszubildenden durch die Ausbilder und Fachausbilder beinhaltet es eine Selbsteinschätzung der Auszubildenden hinsichtlich ihres aktuellen Qualifikationsstandes.

3.3 Ganzheitlichkeit der Beurteilung

Das Verfahren ist ganzheitlich. Beurteilung und Selbsteinschätzung beziehen sich sowohl auf die fachliche Qualifikation als auch auf sechs Schlüsselqualifikationen:

- Arbeitsmethodik
- Eigeninitiative/Selbstständigkeit
- Kommunikationsfähigkeit
- Kooperationsfähigkeit
- Problemlösefähigkeit
- Verantwortungsfähigkeit

3.4 Umfassendes Verfahren

Das Verfahren ist umfassend. Es orientiert sich an vier wesentlichen Komponenten der Ausbildung. Beobachtung – Beurteilung – Rückmeldung – Förderung. Diese Komponenten bilden die Phasen des Verfahrenablaufs. Die Beurteilung ist fester Bestandteil eines fortlaufenden Rückmeldeprozesses.

3.5 Mitwirkung der Auszubildenden

Das Verfahren gibt den Auszubildenden eine aktive Rolle bei der Verbesserung der Ausbildung. Sie haben die Möglichkeit, den Ausbildern und Fachausbildern regelmäßig Rückmeldung über den Verlauf und die Qualität der

Ausbildung zu geben. Damit tragen sie zur kontinuierlichen Optimierung der Ausbildung bei.

4 Der Ablauf des Verfahrens

Die Beurteilung der Auszubildenden ist eine kontinuierliche Aufgabe. Im Laufe ihrer Ausbildungszeit werden die Auszubildenden mehrfach beurteilt und entsprechend ihrer Stärken und Schwächen gefördert. Das Verfahren bezieht sich auf alle in diesem Zyklus relevanten Phasen: die Beobachtung, die Beurteilung, die Rückmeldung und die Förderung.

4.1 Beobachtung

Fachliche Qualifikationen lassen sich relativ eindeutig beurteilen, z.B. über die Qualität eines Arbeitsergebnisses. Für Schlüsselqualifikationen gibt es keine derartigen, direkt messbaren Kriterien. Die Grundlage bildet hier vielmehr die Beobachtung des sichtbaren Verhaltens der Auszubildenden über einen längeren Zeitraum hinweg. Der Ausbilder beobachtet die Auszubildenden in verschiedenen Ausbildungssituationen innerhalb eines Ausbildungsabschnitts von mindestens vier Wochen Dauer. Seine Beobachtungen notiert er auf dem Beobachtungsbogen. Die Notizen beinhalten konkrete Verhaltensweisen, die zu diesem Zeitpunkt noch nicht bewertet werden.

4.2 Beurteilung

Die Beurteilung durch den Ausbilder bzw. den Fachausbilder erfolgt erst gegen Ende eines Ausbildungsabschnitts. Sie wird in den Beurteilungsbogen eingetragen. Die Beurteilung bezieht sich sowohl auf die fachliche Qualifikation als auch auf die sechs Schlüsselqualifikationen. Das wesentliche Element für die Transparenz und die Akzeptanz des Beurteilungsverfahrens ist die Selbsteinschätzung der Auszubildenden auf einem dem Beurteilungsbogen der Ausbilder identischen Bogen. Dadurch reflektieren die Auszubildenden selbst über den Stand ihrer Qualifikationen und können mit den Ausbildern und Fachausbildern in einen qualifizierten Dialog über die Beurteilung treten.

4.3 Rückmeldung

Am Ende des Ausbildungsabschnitts erfolgt ein individuelles Rückmeldegespräch, das als Dialog zwischen Ausbilder bzw. Fachausbilder und den Auszubildenden angelegt ist. Es dient u.a. einer hohen Transparenz des Verfahrens. Anhand von Beurteilung und Selbsteinschätzung werden die Stärken und Schwächen der Auszubildenden herausgearbeitet, Entwicklungspotentiale offengelegt und Fördermaßnahmen für die gezielte Verbesserung ihrer Qualifikation vereinbart. Ein wesentlicher Bestandteil des Gesprächs ist die Rückmeldung der Auszubildenden darüber, wie sie den Verlauf und die Qualität des zurückliegenden Ausbildungsabschnitts erlebt haben und was sie für verbesserungsfähig halten.

4.4 Förderung

Die Förderung der Auszubildenden ist der Kernpunkt der Ausbildung. Durch die enge Verknüpfung von Beurteilung und Förderung können die Qualifikationen der Auszubildenden gezielt weiterentwickelt werden. Die im Rückmeldegespräch vereinbarten Fördermaßnahmen werden in den folgenden Ausbildungsabschnitten durchgeführt. Ausbilder und Auszubildende sorgen gemeinsam dafür, dass die Vereinbarungen eingehalten werden.

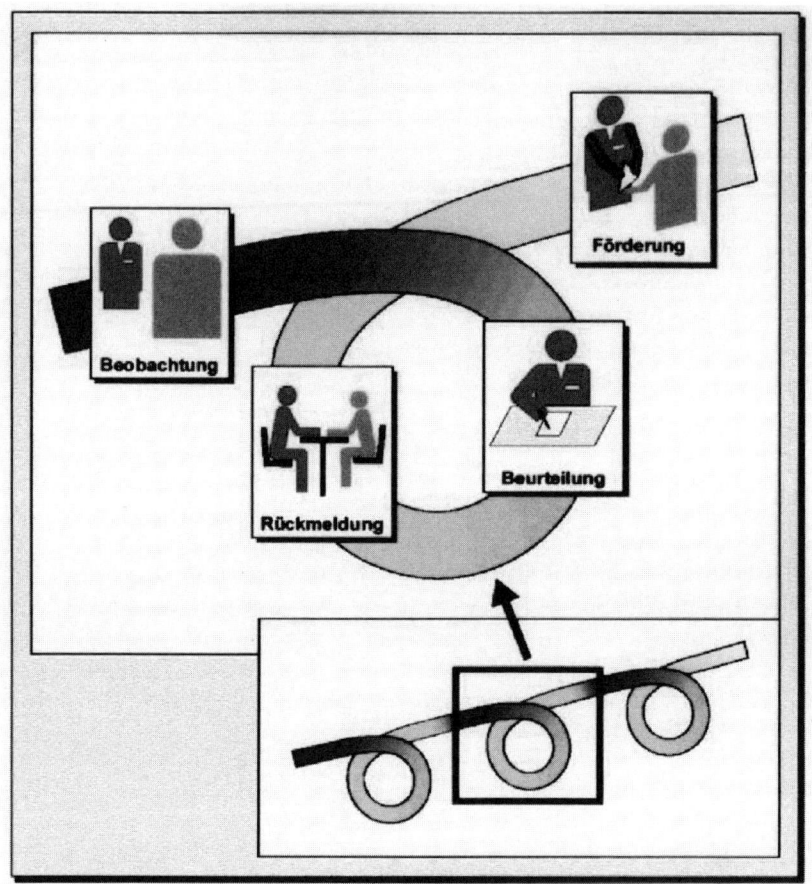

Abbildung 2: Der Ablauf des Verfahrens.

5 Erfahrung mit AiD

Allen Zweiflern zum Trotz, junge Erwachsene könnten sich nicht selbst einschätzen und würden nicht verantwortungsbewusst damit umgehen können, sei gesagt: „Es funktioniert doch."

Allerdings bedarf es eine gründliche Einarbeitung und Vorbereitung in das System. Wichtig dabei ist, dass alle ein gleiches Verständnis über die Sinnhaftigkeit der Fragen besitzen. Meine Erfahrungen mit AiD haben gezeigt, dass sich die Auszubildenden sehr gut disziplinieren können und ihre Stärken und Schwächen sehr wohl einschätzen können, was sich oft an der Deckung der Einschätzungen im Beurteilungsbogen wiederspiegelte. Extreme Abweichungen waren recht selten. Im Dialoggespräch konnte ich mir dann ein Bild davon machen, was sich der/die Auszubildende dabei gedacht hatte. Die Auszubildende waren sehr offen im Dialog (mentalitätsbedingt mehr oder weniger). Sie konnten ihre Einschätzungen zu den Schlüsselqualifikationen vorbringen und an Beispielen belegen. Selbst ihre Schwächen sprachen sie ohne Scheu von selbst an.

Bedingt dadurch, dass alles offen besprochen wird, ist der Druck bei den einzelnen Auszubildenden nicht so groß. Sie wissen, wenn ihnen in einem vorher umrissenen Lernabschnitt etwas nicht so gelingt, bekommen sie Gelegenheit, innerhalb einer vereinbarten Zeit den Teilschritt noch einmal zu üben, in dem sie noch nicht sicher sind.

Meiner Meinung nach ist Ausbildung im Dialog ein probates Mittel, Auszubildenden ihre Schwächen und Stärken gezielt aufzuzeigen. Es ist das derzeit beste System, um Auszubildende in die Rolle des handlungsorientierten Mitarbeiters zu begleiten.

Bei allen positiven Aspekten darf aber nicht vergessen werden, dass AiD sehr viel Zeit beansprucht. Einmal in der Beobachtungsphase – zum anderen im Dialoggespräch. Um das Gespräch zu führen und eine mögliche Förderung zu vereinbaren, benötigt man zwanzig Minuten und mehr für einen Auszubildenden.

GABRIELE HEROLD

Wege aus der Unselbstständigkeit – Selbstevaluation als Instrument, die erlernte Unselbstständigkeit zu verlernen

1 Werden Lernende unselbstständig gehalten?

„Was sollen wir jetzt tun?" „Wie sollen wir das machen?" „Haben wir das gut gemacht?" Jede Lehrkraft kennt solche oder ähnliche Fragen von Schülerinnen und Schülern. Lehrerinnen und Lehrer reagieren nicht selten schockiert oder enerviert, dass die Lernenden dauernd Hilfestellungen oder ein Urteil vom Lehrer erwarten. Die ständigen Rückkopplungswünsche der Schülerinnen und Schüler zu den Lehrkräften kommen jedoch nicht von ungefähr. Sie haben diese Unselbstständigkeit gelernt und sie ist in ihrer vorhergehenden Schulzeit offenbar ausgiebig kultiviert worden. Das traditionelle Rollen- und Führungsverständnis der Lehrerinnen und Lehrer als Zentralstelle für Informationen, einseitige Beurteiler von erbrachten Leistungen und alleinige Gestalter von Unterricht, dem sich viele Lehrkräfte verpflichtet fühlen, ist tief verwurzelt. Es unterstützt derzeit weiterhin ein Abhängigkeitsverhältnis, das mit zentralen Bildungszielen und Anforderungen der Gesellschaft nicht in Einklang steht.

In der Schule werden heute zunehmend Projekte oder projektähnliche Unterrichtsformen durchgeführt, um Selbststeuerung und -organisation als wichtige Kompetenzen zu fördern. Dabei kommt es zu einer Erweiterung des Aufgabenspielraums und der Auseinandersetzung mit vernetzten Wirkungszusammenhängen, die nicht selten aufgrund ihrer Komplexität zu Abwehrhaltungen der Lernenden führen. Stress und Frust der Lernenden durch Überforderung oder Resignation führen leicht zu vorschnellen Lösungen und schlechter Prozess- und Produktqualität.

Um langfristig aktiv und selbstgesteuert das Leben zu gestalten, brauchen die Auszubildenden mehr als Anordnungen oder kurzfristige Hilfestellungen der Lehrkräfte. Eine erfolgreiche Realisierung von Handlungszielen sowie Selbststeuerung und -organisation in Projekten wird erst dann möglich, wenn z.B.

Komplexitätsbewältigung, Kreativität und Problemlösungsverhalten durch Bereitstellung eines praxistauglichen Instrumentariums gefördert werden. Dies gilt es vermehrt in den Unterricht zu integrieren. Lernenden sind Verfahren und Strategien zu eröffnen, Dinge selbst in die Hand zu nehmen und sich vor allem selbst ein Urteil über ihre Arbeit machen zu können.

Die Bewältigung der vorangegangen Problembeschreibung ist im Modellversuch KUS zur „Grundlegung einer Kultur unternehmerischer Selbstständigkeit" eine zentrale Zielsetzung. Ein wichtiges didaktisches Mittel stellt dabei die Selbstevaluation dar, um Wege aus der Unselbstständigkeit zu erkennen und neue Wege in die Selbstständigkeit zu wagen. Um das Thema im Gesamtkontext einordnen zu können, werden in der folgenden Abhandlung zunächst die Intentionen des BLK-Modellversuchs KUS dargestellt. Anschließend wird ein Einblick in das Hamburger KUS-Projekt gegeben, in dem Selbstevaluation für die Entwicklung unternehmerischer Selbstständigkeit gezielt eingesetzt wurde. Eine theoretische Betrachtung verdeutlicht, welchen Stellenwert der Selbstevaluation zur Entwicklung der Selbstständigkeit zugesprochen wird. Ein Ausschnitt aus der KUS-Hamburg Unterrichtspraxis zeigt Schritte zur Vorbereitung auf die Selbstevaluation sowie die im Projekt zum Einsatz gekommenen Selbstevaluationsinstrumente. Der Schlussteil ist den mit Selbstevaluation gemachten Erfahrungen im Projekt gewidmet und gibt einen Ausblick für die Zukunft.

2 Vorstellung des Modellversuches KUS

Der BLK-Modellversuch KUS ist ein Verbundprojekt der Länder Hessen, Nordrhein-Westfalen, Schleswig-Holstein und Hamburg. Die wissenschaftliche Begleitung wird unter Leitung von Prof. Dr. Reinhard Bader, Otto-von-Guericke-Universität Magdeburg, Institut für Berufs- und Betriebspädagogik durchgeführt.

> **BLK Modellversuch „Grundlegung einer Kultur unternehmerischen Selbständigkeit in der Berufsbildung"**
>
> **April 00 bis März 03**
>
> **Ziele des Modellversuchs:**
>
> Die Ausrichtung der Ausbildung vom Arbeitnehmer in abhängiger Beschäftigung perspektivisch auszuweiten und Formen selbständiger unternehmerischer Tätigkeiten ins Blickfeld zukünftiger Möglichkeiten zu stellen.
>
> Die Auszubildenden auf neue Anforderungen der Arbeitswelt und der Gesellschaft vorbereiten, sodass sie kompetent und sachgerecht auf Veränderungen reagieren.

Abb.1 Ziele des BLK- Modellversuchs KUS

Bader (1998, S. 175) schreibt zur Zielsetzung: „Für die Übernahme der ‚Selbstständigenperspektive' sprechen mindestens zwei Argumente. Eines ist eher bildungstheoretisch begründet und lässt sich kurz so umreißen: Berufsbildung als Bildung im und durch den Beruf hat die Persönlichkeitsentwicklung so weit wie irgend möglich zu fördern, d.h. grundsätzlich alle Chancen der Lebensgestaltung im Blick zu behalten. Das andere ist eher ausbildungsdidaktischer Art: Wenn die Berufschule ihre Schülerinnen und Schüler dazu anleitet, ‚wie Selbstständige zu denken und zu handeln', so würde dies auch deren Kompetenz in abhängigen Beschäftigungen erhöhen, denn die von den Unternehmen zunehmend eingeforderte berufliche Handlungskompetenz meint schließlich gerade auch Mitdenken und Mitgestalten im Wertschöpfungsprozess."

Zur Realisierung der Intentionen des Modellversuchs ist die Entwicklung und Erprobung didaktisch-methodischer Konzepte und Organisationsformen notwendig (Bader/Schulz/Unger, 2001, S. 79ff.). Die inhaltliche und methodische Ausrichtung der beteiligten Schulen im Modellversuchsverbund zeigt verschiedene Wege auf, um unternehmerisches Denken und Handeln in der Berufsausbildung grundzulegen.[1] Inhaltliche Schwerpunkte mit Ausrichtung auf ein „Unternehmertum im Unternehmen" haben dabei ebenso einen Stellenwert und die gleiche Berechtigung wie Existenzgründungsinitiativen (Schleswig Holstein). Abgesehen davon zeigen die Schulen, dass verschiedene unterrichtsmethodische Umsetzungen, z.B. bildungsgangorientierte Lehr-/Lernarrangements (Nordrhein Westfalen) oder produktionsorientierte Unterrichtsprojekte (Hessen) möglich sind. Eine genauere Beschreibung verschiedener Unterrichtskonzepte sind der KUS-Modellversuchsinformation Nr. 2 ausführlicher zu entnehmen.

3 Inhaltliche Schwerpunkte des Hamburger KUS -Projektes

Der Hamburger KUS-Verbundpartner richtete sein Konzept danach aus, die berufliche Wirklichkeit unternehmerischer Personen vornehmlich im Alltagsgeschehen authentisch erfahrbar zu machen. Unabhängig vom rechtlichen Verhältnis werden die Qualifizierung und Motivation von Auszubildenden für unternehmerisch selbstständige Arbeit angestrebt. Die schulische Umsetzung erfolgt durch ein Projekt, bei dem Auszubildende eine Wirtschaftsberatung für externe Kunden im Non-Profit-Bereich anbieten. Das Projekt richtet sich dabei an betrieblichen Unternehmensführungskonzepten aus, die unternehmerisches Denken und Handeln aller Beteiligten unterstützen und fördern sollen.[2]

Die Auszubildenden bearbeiten im Projekt reale Aufträge und kommunizieren mit realen Kunden. Das führt zu einem hohen Grad an Realitätsnähe, Ernsthaftigkeit und Komplexität und ermöglicht Handlungsorientierung auf einer hohen Entwicklungsstufe.

---

[1] Weitere Informationen über die „KUS" Modellversuchs-Internetadressen: www.blk-kus.de oder www.kus-hamburg.de

[2] Das Hamburger KUS-Konzept zeigt einen deutlichen Bezug zu moderner betriebswirtschaftlicher Unternehmensführung. Neuere Konzepte zum „internem Unternehmertum" oder „Mitunternehmertum" fördern Personalentwicklung im systemischen Zusammenhang von betrieblichen Rahmenbedingungen. Siehe hierzu: Wunderer, Rolf (1999): Mitarbeiter als Mitunternehmer. Hermann Luchterhand Verlag GmbH

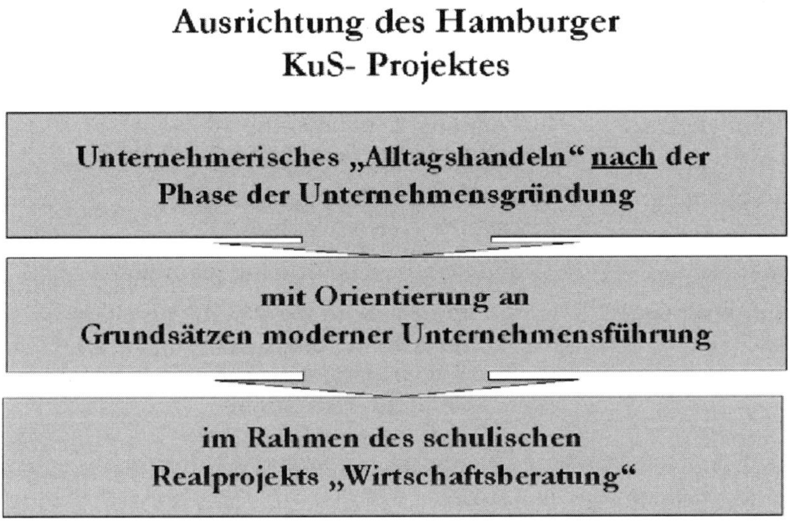

Ausrichtung des Hamburger KuS- Projektes

| Unternehmerisches „Alltagshandeln" **nach** der Phase der Unternehmensgründung |

| mit Orientierung an Grundsätzen moderner Unternehmensführung |

| im Rahmen des schulischen Realprojekts „Wirtschaftsberatung" |

Abb. 2 Ausrichtung des Hamburger KUS- Projektes

Die Auszubildenden erhalten die Möglichkeit, aktiv und selbstgesteuert zu lernen. Durch Selbstständigkeit und Selbstverantwortung können wichtige unternehmerische Kompetenzen im Kontext eines kaufmännischen Wirkungsfeldes entwickelt werden.

	**Realprojekt „Wirtschaftsberatung"**
Auftragnehmer:	Auszubildende einer kaufmännischen Berufsschulklasse (Industriekaufleute)
Auftraggeber:	Lehrer-/SchülerInnen produktionsorientierter Gewerbeschulen
Status:	15 abgeschlossene Beratungsaufträge
Auftragsbeispiele:	- Optimierung der Warenwirtschaft - Marktforschung/Bedarfsanalyse - Entwicklung von Marketingstrategien - Gründungsberatung - Verfahrensberatung im Rechnungswesen
KUS - Projektleitung:	Jan Baier
H 3 Lehrerteam:	Horsmann/ Schneithorst/ Veting
H 9 Lehrerteam:	Gehrmann/ Lüdersen

Abb. 3 Das Realprojekt „Wirtschaftsberatung KUS- Hamburg"

Die unternehmerische Realität mit Entscheidungs- und Zeitzwängen, Kundenorientierung und Qualitätsansprüchen gestaltet die eigenständige Bearbeitung der Aufträge für die Beteiligten im Projekt oftmals als sehr schwierig. Die Schwierigkeiten sind jedoch gewollt und ergeben sich notwendig aus der gewünschten Realitätsnähe der Lernsituation.

Für die Lehrkräfte stellte sich im Projekt die Aufgabe, bei Auszubildenden ohne spezifische Vorbildung eine Basis für die erfolgreiche Abwicklung komplexer Projektauftragsbearbeitung zu schaffen. Dies erfolgte durch die Vermittlung und den Einsatz verschiedener Managementmethoden (z.B. Projektstrukturierung, Ablauf-/Terminmanagement, Fortschrittsbewertung, Leistungsbewertung) sowie stützende Organisationsformen (z.B. Projekt- und Qualitätsmanagement, Informations- und Berichtswesen, IT- Unterstützung).

4 Selbstevaluation als Kompetenz

„Solange wir uns den Zweck nicht überlegt haben,
können wir auch das Ergebnis nicht bewerten"

Charles Handy

Im betrieblichen Zusammenhang führt die Verlagerung der Arbeitsaufgaben und Leistungsstrukturen der Mitarbeiter zu prozessorientierten Aufgabenbereichen, die vermehrte Selbstkontrolle, Prozessverantwortung und Selbstqualifikation erfordern. Für die Qualität des Arbeitsprozesses wird dabei ein erweitertes Qualitätsverständnis vorausgesetzt, welches die Bereiche der technischen Qualität, der sozialen Qualität und der Verfahrensqualität betrifft. In den genannten Gebieten soll es zu einer kontinuierlichen Qualitätsverbesserung kommen, um die Überlebens- und Wettbewerbsfähigkeit der Organisation zu sichern (Heidack 2001, S. 189ff.).

Diese Erweiterung des Leistungs- und Qualitätsbegriffes greift auch auf der Ebene der beruflichen Erstausbildung. Auszubildende sollen befähigt werden, Selbststeuerung und Selbstständigkeit in ihr Lebenskonzept aufzunehmen. Dazu benötigen die Lernenden berufliche Handlungskompetenz. Subkompetenzen der beruflichen Handlungskompetenz sind die formal-instrumentellen Kompetenzen (Methoden-, Lern- und Sprachkompetenz), die für die Entfaltung und den Einsatz der materiellen Kompetenzen (Sozial-, Fach- und Humankompetenz) als bedeutsam angesehen werden (Bader 1989, S. 71). Die Bereiche der Lern- und Methodenkompetenz sind besonders hervorzuheben, wenn die Fähigkeit zur Selbstevaluation gefördert werden soll. So benötigen die Lernenden entsprechendes Verfahrenswissen (prozedurales Wissen), um Prozesse der Eigensteuerung durchzuführen zu können. Die Lernenden müssen über Verfahren verfügen, wie mit bestimmten Verarbeitungsprozessen ein gewünschtes Ergebnis erreicht werden kann und ein selbstständiger Umgang mit dem Gelernten ermöglicht wird. Erst sie ermöglichen eine gezielte Selbstevaluation. Das KUS-Hamburg Projekt fördert dieses prozedurale Wissen durch eine inhaltliche Vorbereitung in Richtung Projekt- und Qualitätsmanagement.

Im Bereich der Lernkompetenz kommt der Metakognition eine wichtige Rolle für selbstreguliertes Lernen und erfolgreiches Problemlösen zu. Metakognition bezeichnet die Steuerungs- und Kontrollprozesse, die sich auf die Auswahl, Anwendung und Überprüfung kognitiver Strategien richten. Der

Lernende setzt diese gezielt zur Bearbeitung einer Aufgabe ein.[3] Die Fähigkeit zur Selbstevaluation ist eine wesentliche Voraussetzung zur Stärkung der Metakognition. Selbstständiges Lernen ist erst dann effizient, wenn die Auszubildenden über Kompetenzen verfügen, ihren Lernbedarf zu erkennen, Lernschritte zu planen, Lernschritte auszuführen und ihre Lernfortschritte einschätzen können.

Im KUS-Hamburg Projekt wird ein Nachdenken über die geleistete Arbeit gezielt gefördert, indem die Projektarbeit von den Auszubildenden dokumentiert wird und regelmäßig Auswertungsgespräche („Mitarbeitergespräche") stattfinden. Die Dokumentation der Projektarbeit sowie die Auswertungsgespräche mit den Auszubildenden fördern Lernstrategien, die das Lernen regulieren (Kontrollstrategien) und Lernleistung bewerten (Selbstevaluation des Lernerfolgs) helfen.

5 Selbstevaluation zur Rückkopplung im Handlungsprozess

Um Selbstständigkeit gezielt zu fördern, orientiert sich eine zukunftsorientierte Schul-Lernorganisation an ganzheitlichen Aufgabenstellungen, die durch Selbststeuerung, -regulierung und selbstständige Problemlösung der Lernenden gekennzeichnet sind. Mit dem Modell der „vollständigen Handlung" wird die Komplexität von ganzheitlichen Aufgabenstellungen anschaulich dargestellt.

---

[3] Vgl. www.kath.de/kbe/projekte/selbstlernkompetenz_1.html

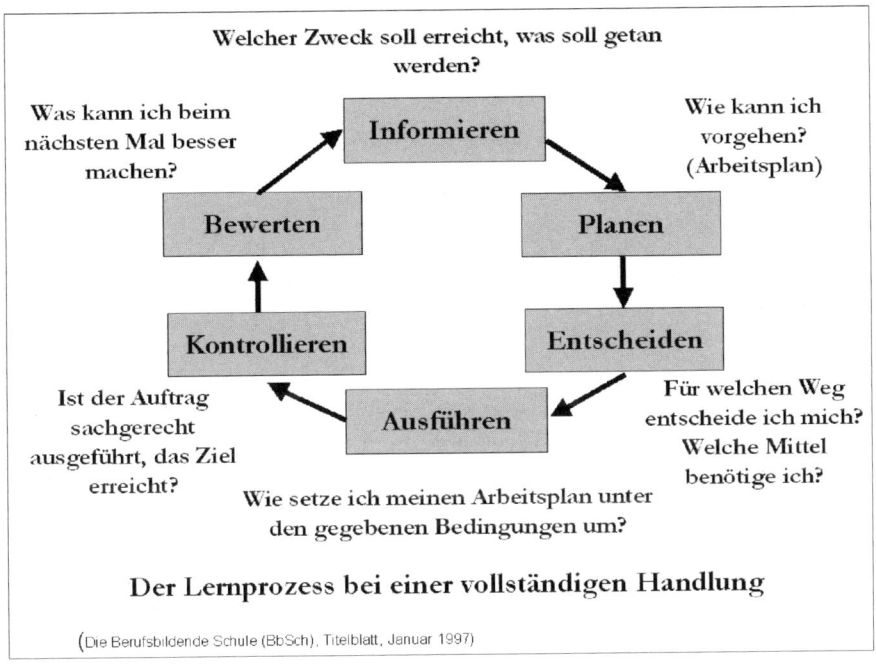

Abb. 4 Prozessstruktur des vollständigen Handlungszyklus

Innerhalb „vollständiger Handlungen" stellt das Prinzip der Rückkopplung einen wesentlichen Kernpunkt für die Förderung der Selbstständigkeit dar. Handlungsorientierte Auszubildende sind fähig, ihre Entscheidungen selbstständig in Handlungen umzusetzen und diese auch unter oftmals widrigen realen Umständen zu realisieren. Dabei kommt der Methode der Selbstevaluation eine bedeutende Rolle zu. Lernende erhalten Anstöße zur Reflexion der eigenen Handlungszusammenhänge, die ihnen ermöglichen, ihre Sicht der Wirklichkeit, die aufgrund ihrer Situation als Lernende, die von unvollständigen Kenntnissen und unsicheren Beurteilungen geprägt ist, zu überdenken, die Perspektive zu wechseln und neue Betrachtungsweisen ins Spiel zu bringen (Hameyer 2001, S. 16). Die Lernenden werden darin unterstützt, eine realistischere Einschätzung über den wirklichen Stand ihrer Arbeit zu bekommen und erleben, dass auch unüberwindbar erscheinende Probleme aktiv und gestalterisch beeinflusst werden können. Nach Jens-Uwe Martens[4] ist die

---

[4] Vgl. www.knowhow-kompakt.com/gfa/e02/e0202.htm

aktive Gestalter-Grundhaltung im Gegensatz zur passiven Erdulder/Opfer-Grundhaltung eine zentrale Größe für erfolgreiches, sinnvolles und eigenverantwortliches Leben.

6 Selbstevaluation zur Stärkung der Selbstwirksamkeit

Viele Lernende haben bereits die Erfahrung gemacht und die individuelle Auffassung gefestigt, dass sie keinen eigenen Einfluss auf Wirkungs- bzw. Kontrollmöglichkeiten haben. Die Konsequenzen daraus führen zu einer erlernten Hilf- und Machtlosigkeit. Das Konzept zur Selbstwirksamkeit von Bandura (1997) beschäftigt sich mit Kontrollmechanismen, die Einfluss auf die Selbstständigkeit haben. Unter Selbstwirksamkeit wird allgemein aufgabenspezifisches Selbstvertrauen verstanden. Es beschreibt den Glauben, über die Fähigkeit zur Kontrolle des Handelns und von Ereignissen zu verfügen, die für das eigene Leben wichtig sind. Selbstwirksamkeit beeinflusst das Denken, Fühlen und Handeln einer Person und hat Auswirkungen auf die Zielsetzung, Anstrengung und Ausdauer in neuen oder schwierigen Anforderungssituationen sowie den persönlichen Ehrgeiz, sich in einer Leistungssituation einzusetzen.

Selbstregulierte Lerner verfügen über eine hohe Selbstwirksamkeit. Sie verfügen über kognitive Lernstrategien, die ihnen die Selbstregulation des Lernens ermöglicht, wie z.B. die gezielte Suche nach Informationen oder das Setzen von Zielen (Schiefele/Pekrun 1996, S. 258). Selbstbeobachtung, Selbstbewertung und Selbstreaktion sind dabei wichtige Fähigkeitsmerkmale eines Selbstregulationsmechanismus, die eine Ausführungskontrolle und Bewältigung komplexer Aufgaben ermöglichen. Den Lehrkräften kommt die Aufgabe zu, Auszubildenden diese Selbstregulationsprozesse bewusst zu machen und Selbstreaktionen aktiven Handelns gezielt zu fördern. Direkte Auswirkungen zeigt die Selbstevaluation auf die intrinsische Motivation der Lernenden. Sie erleben die Sinnhaftigkeit des Verfahrens direkt und aktiv im Projektprozess und sie steigert ihre Bereitschaft, Leistung zu zeigen und qualitativ hochwertigere Leistung einzubringen. Selbstevaluation wird als didaktisches Mittel genutzt, um Einfluss auf intrapersonelle Kompetenzmerkmale wie z.B. Selbstwirksamkeit (Machbarkeitsglaube) oder interne Erfolgsattribuierung (Misserfolgstoleranz) zu nehmen.

> **Selbstevaluation fördert:**
> → **Eigene Erfolgszuschreibung**
> → **Setzen realistischer Ziele**
> → **Einschätzung der eigenen Leistung**
> → **Beschreiben der individuellen Fortschritte**
> → **Aufführen von „Beweisen" für Fortschritte**
> → **Benennen der Wege für die Zielerreichung**
> → **Vorstellung von hoher/ niedriger Arbeitsqualität**
> → **Benennen verschiedener Lösungsmöglichkeiten**
> → **Bewusstmachung des eigenen Lernbedarfs und der eigenen Präferenzen**

Abb. 5 Vorteile von Selbstevaluation

7 Selbstevaluation im KUS-Hamburg Projekt

7.1 Vorbereitung auf die Selbstevaluation

In der Vorbereitung auf die Projektarbeit ist die Thematisierung von Zielen und die damit implizit geforderte Selbstevaluation eine wichtige Voraussetzung für die weitere Arbeit. Gerade wenn Lernende bereits negative Erfahrungen mit Beurteilungen gemacht haben, sind Vorbehalte gegen Beurteilung und Selbstevaluation abzubauen, die sonst zu einer Blockade oder Verweigerung führen. Es ist deshalb wichtig, dass die Projektlehrer die Auszubildenden über konkrete Funktionen einer Evaluation informieren und einen individuellen Bezug zur Selbstevaluation herstellen. Das Erkenntnisinteresse der Selbstevaluation muss den Lernenden von Anfang an nahe gelegt werden. Die Auszubildenden müssen wahrnehmen, dass es um die Optimierung des eigenen beruflichen Handelns geht. Erst dann werden sie die Bereitschaft entwickeln, sich selbst zu evaluieren und Ergebnisse und/oder Wirkungen des eigenen beruflichen Handelns durch Informationssammlung und Analyse von Wirkungszusammenhängen transparent darzustellen und sich mit Problemlösungsalternativen auseinander zu setzen. Erst durch eine selbstgesteuerte Beobachtung, Analyse und Beurteilung von Handlungsbedingungen, -folgen und -wirkungen können systematisch Informationen gesammelt werden. Diese können konkrete Hinweise darauf geben, inwieweit verwendete Lösungsversuche und eingesetzte Mittel zur Aufgabenbewältigung und Problemlösung beigetragen haben. Die Selbstevaluation hilft den Auszubildenden zu reflektieren und bewusster wahrzunehmen, was sie tun, wie sie es tun und mit welchem Ergebnis sie es tun.

Transparenz durch Aufklärungsarbeit hat nach Aussagen der Lehrkräfte einen wesentlichen Einfluss auf die Lernenden in Bezug auf den Zuspruch und die Befürwortung der Selbstevaluation. Sie sind grundlegend dafür, Probleme zu identifizieren und diese aufrichtig und ehrlich zu diskutieren. Gerade bei unerfahrenden „Projektmitarbeitern" ist die Thematisierung von Sinnhaftigkeit und Erkenntnisgewinn der Selbstevaluationen besonders wichtig, um Blockaden abzubauen und anfängliche Schwierigkeiten bei schriftlichen Evaluationsauswertungs- und Dokumentationsarbeiten zu überbrücken, den Mehraufwand zu akzeptieren und Selbstevaluation als Professionalisierung in ihr Handlungsrepertoire aufzunehmen.

Um u.a. eine innovative und konkurrenzlose Lernkultur im Projekt zu fördern, wurde das Projekt als zensurfreier Raum ausgewiesen. Das bedeutete jedoch nicht, dass Leistung nicht bewertet bzw. beurteilt würde. Beurteilungen oder Erfolgskontrollen haben als Formen der Evaluation durchaus weiterhin ihre Berechtigung. Sie erfüllen aber im Rahmen von Entwicklungs- und Verbesserungsprozessen nur die Aufgabe, einen prozessabhängigen *Ist*-Zustand darzustellen, der im Hinblick auf die angestrebte Persönlichkeitsbildung zu werten ist. Diesen Zweck könnten Ziffernnoten nicht erfüllen, da individuelle und differenzierte Aussagen für die Reflektions- und Rückkopplungsprozesse von Bedeutung sind. Die Erhebung des *Ist*-Zustandes in Form einer Ergebnisbeurteilung erfolgt deshalb in schriftlicher und mündlicher Form und dient als Ausgangsbasis im weiteren Handlungsverlauf.

7.2 Steuerungselemente und Strukturen

Das Hamburger KUS-Projekt schult gezielt den Einsatz von Qualitäts- und Projektmanagementplanungs- und Steuerungsinstrumenten in einer Vorbereitungsphase, die dann im weiteren Projektverlauf durchgehend Anwendung finden. Die Intention dabei ist, Qualitätssicherung, -verantwortung und -verbesserung der Auszubildenden anzuregen. Qualität ist deshalb nachvollziehbar zu gestalten und soll direkte Erfolgszuweisungen ermöglichen. Die im Projekt einheitlich angewendeten Steuerungselemente und Strukturen erleichtern allen Beteiligten Prozesse besser zu identifizieren, zu überprüfen und bei Bedarf gegebenenfalls zu ändern.

Um die Messung der Prozessergebnisse gezielt und nachvollziehbar zu gestalten, liefert das Qualitätsmanagement stützende strukturelle Rahmenbedingungen, die den Auszubildenden eine gezielte Selbstevaluation nahe legt. Einzelne Handlungsphasen freier Projektarbeit können durch die beteiligten Lehrkräfte anhand einer Ablaufdokumentation prozessorientiert nachvollzogen werden. Die Projektbewertung durch die Lehrer erfolgt im wesentlichen auf Grundlage der dokumentierten Ergebnisse.

7.3 Methoden der Selbstevaluation

Unter Qualitätsaspekten ist für die Selbstevaluation nicht nur die Produktqualität entscheidend, sondern auch die Prozessqualität. Um Qualitätsverbesserungen zu fördern, ist die Frage danach, wie ein Ergebnis zustande gekommen ist, ebenfalls zu betrachten und zu evaluieren. Für die Prozessbetrachtung wird eine systematisch angeleitete Selbstevaluation durchgängig im Projekt durch zwei methodische Maßnahmen gefördert:

- Pflichtenheft

- Zielvereinbarungen

Das Pflichtenheft

Im Projekt wurde das Pflichtenheft als Grundlage für die Projektarbeit eingeführt. Es enthält als Vorlage einen Katalog über die zu erbringenden Leistungen und Vereinbarungen. Diese Vorgaben werden im Projektmanagement genutzt, um Verbindlichkeiten zu schaffen und Planungsergebnisse festzuhalten. Die Erstellung und Führung eines Pflichtenheftes stellt dabei bereits eine Dienstleistung für interne und externe Kunden dar. Weiterhin enthält das vereinbarte Pflichtenheft die sachliche Arbeitsgrundlage für die Erstellung der Projektergebnisse. Die im Pflichtenheft festgehaltenen sachlichen, personellen und zeitlichen Angaben dienen der Selbstevaluation. Sie bieten die analysierbaren Daten, die für die weitere Projektauswertung aufbereitet werden.

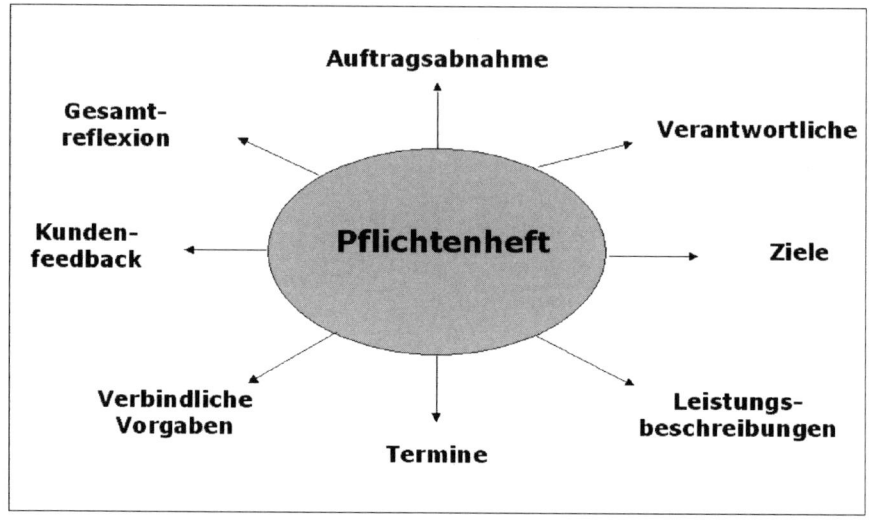

Abb. 6 Das Pflichtenheft

Das Pflichtenheft bestimmt insofern die „Spielregeln" die im Projekt gelten sollen. Es schafft klare Strukturen und ermöglicht eine konsistente Vorgehensweise, die wiederum zu Transparenz und Nachvollziehbarkeit führt. Damit bietet das Pflichtenheft den roten Faden für Reflexions- und Auswertungsgespräche. Gleichzeitig stellt es die Grundlage für eine sachliche Gesprächsebene mit internen (Lehrkräfte, Ausbilder, Teamkollegen) oder externen Kunden (Auftraggeber, Beratungskräfte) dar. Für die Auszubildenden ist der Umgang damit neu und erfordert daher eine sorgfältige Vorbereitung. Bevor die Arbeit mit dem Pflichtenheft beginnen kann, muss ein gemeinsames Verständnis für die im Pflichtenheft genannten Begriffe vorhanden sein, um Missverständnissen und Fehlinterpretationen vorzubeugen. Die Auszubildenden erstellen das Pflichtenheft zu ihrem konkreten Kundenauftrag in eigener Verantwortung. Am Ende dieser Vorbereitungsphase steht die gemeinsam entwickelte Planung für Produkt mit Vereinbarungen und Regeln, die von Auszubildenden und Kunden akzeptiert werden.

Zielvereinbarungen

In Zielvereinbarungen werden Ziele und Maßnahmen beschrieben, die zum einen die Verbesserung der persönlichen Leistung und zum anderen die Verbesserung der Produkt- und Prozessqualität innerhalb der Auftragsbearbeitung betreffen. Da die Auszubildenden reale Aufträge aus dem Non-profit-Bereich bearbeiten, ist die Beschreibung von entsprechenden Qualitätsstandards von Bedeutung, um möglichst qualitativ hochwertige Beratungsleistungen und eine zügige Auftragsbearbeitung zu gewährleisten. Die Lernenden werden, ähnlich der realen Wirtschaftsberatungen, mit aufgabenbezogenen Anforderungszielen konfrontiert.

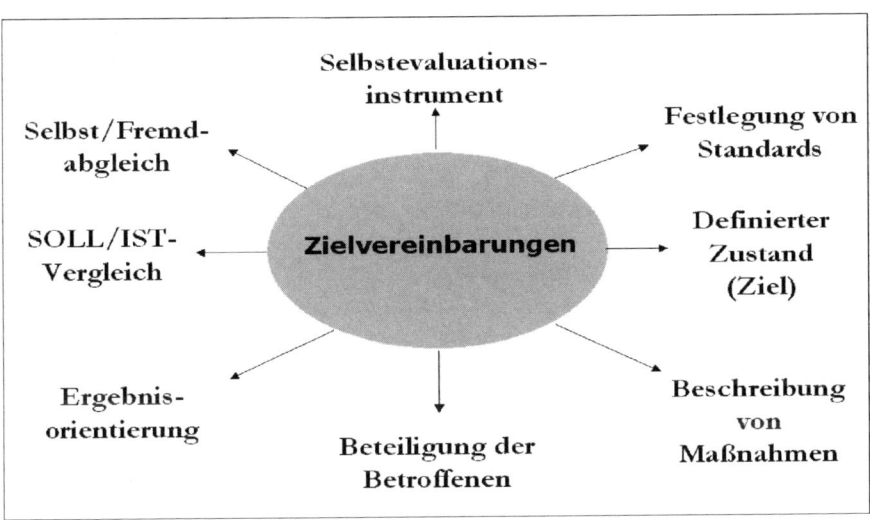

Abb. 7 Zielvereinbarungen

In Zielvereinbarungen werden individuelle Ziele der Auszubildenden formuliert und entsprechende Maßnahmen beschrieben, die zur Zielerreichung führen sollen. Die aufgabenbezogene Selbstevaluation erfolgt als Ergebnisbeurteilung durch einen Soll/Ist- Vergleich. Im Anschluss der Auswertung werden dann weitere Schlussfolgerungen für zukünftiges Handeln gezogen.

Ob und wie Ziele in konkretes Handeln umgesetzt werden, ist stark von der Fähigkeit der Selbstbeobachtung, -bewertung und -reaktion abhängig. Um diese Fähigkeiten zu verbessern, sind Rückmeldungen eine entscheidende Größe. Mit Hilfe eines Selbst-Fremdabgleiches, z.B. durch Kunden, Lehrkräfte oder Teamkollegen, kann erfahrungsgemäß die Bereitschaft zur Selbstevaluation erhöht werden.

Besonders herauszustellen ist, dass die komplexen Aufgaben- und Problemstellungen in der Planungsphase eine prospektive (vorausschauende) Selbstevaluation erfordern. Die gedankliche Vorwegnahme des Handlungsprozesses, mit den von den Lernenden eingebrachten Ideen und Wünschen, sowie die anschließende Suche nach Handlungsalternativen ist entscheidend für die Produktqualität (hier: Beratungsleistung) und der darauf folgenden Handlungsstrategien.

Zielvereinbarungen betreffen in Bezug auf die Mitarbeiterzufriedenheit auch persönlich vereinbarte Ziele, die durch entsprechende individuelle oder von Lehrkräften initiierte Maßnahmen gefördert werden.

8   Schlussbetrachtung

Die vorangegangen Ausführungen haben gezeigt, dass Selbstevaluation die Lernenden im Projekt KUS-Hamburg durch alle Projektphasen begleitet. Die Erfahrungen im Projekt zeigen, dass die Akzeptanz der Selbstevaluation bei Lernenden durch eine entsprechende Aufklärungsarbeit herzustellen ist. Die beteiligten Lehrkräfte berichteten, dass sich die Selbstevaluation positiv auf die Selbstorganisation und -steuerung der Auszubildenden ausgewirkt hat. Über einen Zeitraum von vier Ausbildungsblöcken haben sich demnach die Hilfestellungen durch und die Nachfragen an die Lehrerkräfte deutlich reduziert. Die Lernenden befinden sich derzeit in der letzten Ausbildungsphase. Projektaufträge und Präsentationen, die im Laufe der Zeit komplexer und anspruchsvoller geworden sind, werden heute von den Auszubildenden selbstständig und in hoher Selbstorganisation geführt. Auch hat sich die Dokumentations- und Kommunikationsqualität der bearbeiteten Projekte deutlich gesteigert und ermöglicht auch externen Beobachtern und interessierten Gästen, die Projektarbeit anschaulich nachzuvollziehen.

Im Sinne einer handlungsorientierten Didaktik sind die Lernenden in die kritische Betrachtung ihrer erbrachten Arbeitsleistungen eingezogen worden.

Wichtig erscheint die Aussage, dass sie am Ende eines Projektdurchganges von sich sagen können: „Ich sehe und kenne meinen Lernerfolg." Damit zeigen sie eine neue Form von Lernen, das nicht nur fachlich-inhaltliche, sondern auch persönlichkeitsbildende Kompetenzen fördert.

Dieser Artikel kann nur einen knappen Ausschnitt aus einem größeren Repertoire an Ansätzen und Methoden der Selbstevaluation geben. Eines ist jedoch sicher: Die Kultur der Selbstevaluation wird und muss sich mit dem Einzug des Leistungs- und Qualitätsbegriffes in der Schule verbreiten. Die Auswirkungen in Bezug auf eine größere Kundenorientierung, Impulse für Veränderungen und einer neuen Verbindlichkeit in Bezug auf die Umsetzung von Zielen könnte die Leistungsfähigkeit und -bereitschaft von Schule maßgeblich beeinflussen.

Literatur

BANDURA, A. (1997): Self-efficacy. The exercise of control. New York, Freeman Verlag.

SCHIEFELE,U./PEKRUN, R. (1996): Psychologische Modelle des fremdgesteuerten und selbstgesteuerten Lernens. In: F.E. WEINERT (Hrsg.): Enzyklopädie der Psychologie. Pädagogische Psychologie. Bd.2. Psychologie des Lernens und der Instruktion (S. 249 – 278). Göttingen, Hofgrefe Verlag.

BADER, R. (1989): Übergreifende Aspekte zur Neuordnung der Elektro- und Metallberufe. (Referat). In: LANDESINSTITUT FÜR SCHULE UND WEITERBILDUNG (Hrsg.): Fachtagung zur Neuordnung der industriellen Elektro- und Metallberufe. Soest

BADER, R. (1998): Entwicklung unternehmerischer Selbständigkeit. In: Die berufsbildende Schule (BbSch) 50, (6/1998).

BADER, R./SCHULZ R./UNGER T. (2001): Grundlegung einer Kultur unternehmerischer Selbständigkeit in der Berufsbildung. In: Die Berufsbildende Schule (BbSch) 53, (3/2001).

HAMEYER, U. (2001): Evaluation als Rückkopplungsprozess. Methoden für die Schulprogrammarbeit. Seminarskript. Erziehungswissenschaftliche Fakultät Christian-Albrechts-Universität Kiel.

SCHULZ, R. (Hrsg.) (2000): KUS Modellversuchsinformation Nr. 1. Institut für Praxis und Theorie der Schule (IPTS), Kronshagen bei Kiel.

SCHULZ, R. (Hrsg.) (2001): KUS Modellversuchsinformation Nr. 2. Institut für Praxis und Theorie der Schule (IPTS), Kronshagen bei Kiel.

WUNDERER, R. (1999): Mitarbeiter als Mitunternehmer. Hermann Luchterhand Verlag GmbH.

Internetveröffentlichungen:

JENS UWE MARTENS O.J.: Das Leben eigenverantwortlich gestalten. Einladung zum Vortrag 23.09.2002, Online im Internet, URL: www.knowhow-kompakt.com/gfa/e02/e0202.htm.

KATHOLISCHES BUNDESARBEITSGEMEINSCHAFT FÜR ERWACHSENE o.J.: Neues Lernen und Vermittlung von Selbstlernkompetenz. Online im Internet, URL: www.kath.de/kbe/projekte/selbstlernkompetenz_1.html.

KATJA LENZ

Erfassung von Kompetenzen jenseits der Fachkompetenz bei kaufmännischen Berufsschülern/-innen

Der Bildungsauftrag der bundesdeutschen dualen Berufsbildung wurde in den letzten 25 Jahren verschiedentlich umformuliert. So bestand ein Ziel der Neuordnung der industriellen Metall- und Elektroberufe von 1987 darin, Auszubildende im Betrieb zur Ausübung qualifizierter beruflicher Tätigkeiten zu befähigen, was „insbesondere selbständiges Planen, Durchführen und Kontrollieren einschließt" (z.B. Industriemechaniker 1987, S. 3). Der Bildungsauftrag der berufsbildenden Schulen wurde durch Empfehlungen der Kultusministerkonferenz (KMK) definiert. Nach der „Rahmenvereinbarung über die Berufsschule" der Kultusministerkonferenz (KMK, 1991) hat die Berufsschule durch einen Unterricht, der die „Handlungsorientierung betont" und der „berufs- und berufsfeldübergreifende Qualifikationen vermittelt", „eine Berufsfähigkeit aufzubauen", die die „Fachkompetenz mit allgemeinen Fähigkeiten humaner und sozialer Art verbindet" (KMK Rahmenvereinbarung, 1991, S. 3f.). Im Jahre 1996 wurden mit der „handlungsorientierten" Ausrichtung des Unterrichts und der Einführung des Lernfelderkonzeptes die Entwicklung der Handlungskompetenz zum zentralen Bildungsauftrag der Berufsschule erklärt (KMK-Handreichungen 1996/2000)[1].

Die Bund-Länderkommission (BLK) legte das Programm "Neue Lernkonzepte in der dualen Berufsausbildung" auf, das auf Basis von Modellversuchen dem Problem begegnen sollte, die berufliche Erstausbildung so auszugestalten, dass die Auszubildenden die Bereitschaft entwickeln und dazu befähigt werden, „sich in gesellschaftlichen, beruflichen und privaten Situationen sachgerecht, durchdacht sowie individuell und sozial verantwortlich zu verhalten" (KMK-Handreichungen 1996/2000, S. 9).

---

[1] Handreichungen für die Erarbeitung von Rahmenlehrplänen der Kultusministerkonferenz (KMK) für den berufsbezogenen Unterricht in der Berufsschule und ihr Abstimmung mit Ausbildungsordnungen des Bundes für anerkannte Ausbildungsberufe" (1996/2000).

Ein zentrales Ziel von EDUKAT[2], einem Forschungsprojekt des BLK-Programms „Neue Lernkonzepte in der dualen Berufsausbildung" war es, Instrumente zur Erfassung der Handlungskompetenz von Auszubildenden des Bankwesens zu entwickeln. Im Rahmen der Forschungsarbeit wurde eine Kooperation mit Lehrkräften verschiedener berufsbildender Schulen initiiert. Die Lehrkräfte artikulierten Bedarf an Unterstützung bei der Erfassung von Kompetenzen jenseits der Fachkompetenz. Vor diesem Hintergrund wurde eine Konzept zur „Erfassung von Kompetenzen jenseits der Fachkompetenz" entwickelt, dass in Kooperation mit 10 Lehrkräften der Staatlichen Handelsschule für das Kreditgewerbe am Weidenstieg in Hamburg erprobt wurde und nachfolgend dargestellt wird.

1 Theoretischer Rahmen

1.1 Grundlagen der Kompetenzerfassung

Eine systematische Kompetenzerfassung erfordert ein *Konzept*, dass von allen an der Kompetenzerfassung beteiligten Lehrkräften *gemeinsam* erarbeitet wird. Neben einer *Kompetenz- bzw. Kriterienauswahl* ist das Festlegen von *Beurteilungsmaßstäben* notwendig. Die Kompetenzerfassung sollte in möglichst *vergleichbaren Erfassungskontexten* erfolgen. Der *Beobachtungs- und Beurteilungsprozess mit Vor- und Nachbereitung* der Kompetenzerfassung wird *zwischen den Beobachter/innen abgestimmt und immer wieder reflektiert*. Die Schüler/innen sollten *zunehmend in den Beobachtungs- und Beurteilungsprozess mit eingebunden* werden.

Integriert in die Darstellung des „Konzeptes zur Erfassung von Kompetenzen" sowie des „Einsatzes des Konzeptes in der Schulpraxis" werden nachfolgend die o.g. „Grundlagen der Kompetenzerfassung" näher betrachtet. Aus den Ausführungen heraus wird dabei die Erfordernis dieser Kriterien sichtbar.

---

[2] Erfassung von Dimensionen der Handlungskompetenz bei Berufsschülern/innen im Bereich Wirtschaft und Verwaltung

1.2 Konzept zur Erfassung von Kompetenzen

Grundlage der Erfassung von Kompetenzen bilden folgende fünf Leitfragen (Straka/Lang/Lange 2000), auf die im Folgenden näher eingegangen wird:

1. Warum werden Kompetenzen erfasst?
2. Was wird erfasst?
3. Wie werden die Kompetenzen erfasst?
4. Wann werden Kompetenzen erfasst?
5. Wer erfasst die Kompetenzen?

1.2.1 Warum werden Kompetenzen erfasst?

In den „Handreichungen für die Erarbeitung von Rahmenlehrplänen der Kultusministerkonferenz (KMK) für den berufsbezogenen Unterricht in der Berufsschule" (1996/2000) ist verankert, dass die Entwicklung von Handlungskompetenz ein zentraler Bildungsauftrag von berufsbildenden Schulen ist. Laut Abschlussbericht der von der KMK eingesetzten Kommission „Perspektiven der Lehrerbildung in Deutschland" (1999, S. 37ff.) ist u.a. das „Diagnostizieren, Beurteilen und Evaluieren" eine Aufgabe von Lehrkräften.

Um dem Bildungsauftrag gerecht zu werden, sind die Kompetenzen der Schüler/innen entsprechend zu erfassen und zu beurteilen. Dies ist zugleich Voraussetzung für die Förderung beruflicher Handlungskompetenz der Schüler/innen.

Zunächst müssen Ansatzpunkte ausfindig gemacht werden, um eine Person in der Entwicklung ihrer Kompetenzen unterstützen zu können. Die Kompetenzen, über die die Schüler/innen bereits verfügen, können durch die Erfassung und Beurteilung der Kompetenzen bestimmt werden. Nach einer Unterrichtssequenz können dann die aktuellen erworbenen Kompetenzen ebenfalls durch eine erneute Erfassung und Beurteilung sichtbar gemacht werden, was wiederum die Grundlage für ein Feedback an die Schüler/innen und evtl. anschließende Fördermaßnahmen bildet.

1.2.2. Was wird erfasst?

Auch zu dieser Frage sind Anknüpfungspunkte in den Handreichungen zu finden. Handlungskompetenz „wird verstanden als die Bereitschaft und die Fähigkeit des Einzelnen, sich in gesellschaftlichen, beruflichen und privaten Situationen sachgerecht, durchdacht sowie individuell und sozial verantwortlich zu verhalten. Handlungskompetenz entfaltet sich in den Dimensionen von *Fachkompetenz, Personalkompetenz und Sozialkompetenz*. Eine ausgewogene Fach-, Personal-, Sozialkompetenz ist die Voraussetzung für *Methoden- und Lernkompetenz*." (KMK-Handreichungen 1996/2000, S. 9)

Aus Sicht der KMK wird Handlungskompetenz verstanden als die Bereitschaft und Fähigkeit einer Person, sich in bestimmten Situationen zu verhalten. Situationen können definitionsgemäß gesellschaftlicher, beruflicher und privater Natur sein. Dies bedeutet zum einen, dass keine Situation ausgeschlossen wird. Zum anderen kann in grundsätzlich allen Situationen, die im Leben eines Schülers/einer Schülerin vorkommen, Handlungskompetenz abverlangt und auch erfasst werden. Kriterien für das Verhalten beschreibt die KMK mit „sachgerecht, durchdacht sowie individuell und sozial verantwortlich" (KMK-Handreichungen 1996/2000, S. 9) ohne diese jedoch näher zu bestimmen.

Differenzierte Erläuterungen der einzelnen Kompetenzdimensionen sind in den Handreichungen nicht zu finden. Daher werden nachfolgend die KMK-Vorgaben von Handlungskompetenz sowie deren Dimensionen Fach-, Methoden-, Lern-, Personal- und Sozialkompetenz dem Konzept zur Erfassung von Kompetenzen zu Grunde gelegt, reduziert und präzisiert.

Voraussetzungen für kompetentes Handeln sind (KMK-Handreichungen 1996/2000) zum einen die *Bereitschaft* und zum anderen die *Fähigkeiten*, die ein Individuum zur Bewältigung einer bestimmten Situation benötigt. Zur Klärung der Begrifflichkeiten wird ein Modell zu Grunde gelegt (Abbildung 1 „Handlungskompetenz-Modell"), das Handlungskompetenz konkretisiert.

Abbildung 1: Handlungskompetenz-Modell

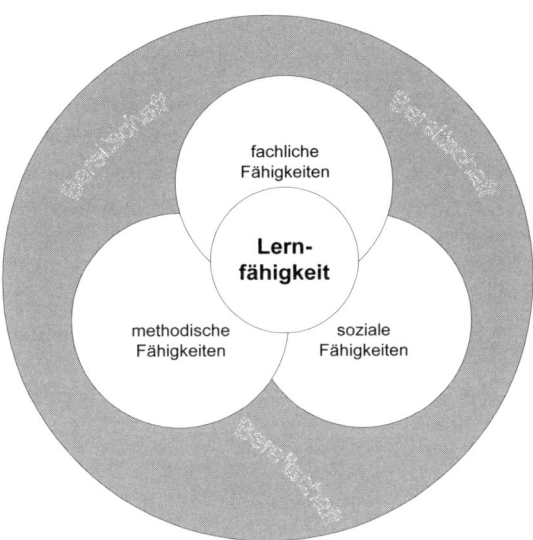

Die Bereitschaft wird in den KMK-Vorgaben als eine Ausprägung der jeweiligen Kompetenz (Fach-, Sozial-, Personal sowie Methoden- und Lernkompetenz) genannt, jedoch nicht erläutert und differenziert. Insofern kann angenommen werden, dass die Bereitschaft in allen Dimensionen von Handlungskompetenz enthalten ist. Im Modell wird dies damit ausgedrückt, dass die Bereitschaft im Außenkreis des Modells verortet ist. Damit wird verdeutlicht, dass sich die Handlungskompetenz aus der Bereitschaft (aus der Perspektive der Person) sowie den fachlichen, sozialen und methodischen Fähigkeiten zusammensetzt. Da sich die Facetten der Personal- und Sozialkompetenz nicht eindeutig von einander abgrenzen lassen, wurden im Modell die personalen den sozialen Fähigkeiten zugeordnet. Die Anordnung im Inneren des Modells veranschaulicht, dass sich die einzelnen Fähigkeitsdimensionen fachliche, soziale und methodische Fähigkeiten wechselseitig bedingen und überschneiden. Die Lernfähigkeit ist im Kern des Modells zu finden, weil ein zentrales Ziel bzw. der Bildungsauftrag von Schule u.a. die Förderung der Lernkompetenz ist.

Als Beobachter/in kann eine Person das aktuelle Verhalten, das Tun bzw. die Tätigkeit einer anderen Person wahrnehmen. Das begleitende kognitive, emotionale und motivationale Erleben der Person ist für Beobachter/innen jedoch nicht direkt erschließbar. Beobachter/innen können lediglich durch Interpretationen Aussagen über das kognitive, emotionale und motivationale Erleben der Person machen. Das heißt, dass die Gründe bzw. Motive, die die Person veranlassen, eine Handlung durchzuführen, von Beobachter/innen nicht direkt zu ermitteln sind (Straka/Macke 2002).

Daher rückt die Bereitschaft als motivationale Komponente der Handlungskompetenz bei der Kompetenzerfassung in den Hintergrund und der Fokus wird auf die Erfassung der fachlichen, methodischen und sozialen Fähigkeiten sowie der Lernfähigkeit gelegt.

Zur Präzisierung wird im Folgenden zunächst die Bereitschaft als eine Komponente aller Kompetenzdimensionen von Handlungskompetenz erläutert. Anschließend werden die einzelnen Fähigkeiten (fachliche, soziale und methodische Fähigkeiten sowie Lernfähigkeit) als weitere Komponenten von Handlungskompetenz thematisiert.

1.2.2.1 Bereitschaft

Die Bereitschaft setzt sich zusammen aus der Wichtigkeit, die ein Individuum einem Sachverhalt (Aufgabenstellung, Situation, Lerninhalt) beimisst und der Erwartung, zu diesem Sachverhalt eine bedeutungsvolle Beziehung herstellen zu können (Straka 2001).

Demzufolge besteht beispielsweise die Bereitschaft eines Schülers/eine Schülerin, sich einen Lerninhalt anzueignen, aus der Wichtigkeit, die er/sie diesem Inhalt beimisst und der persönlichen Erwartung, sich diesen Inhalt zu erschließen.

1.2.2.2 Fachliche Fähigkeiten

In Anlehnung an die KMK-Handreichungen ermöglichen es die fachlichen Fähigkeiten einer Person, Aufgaben und Probleme „auf der Grundlage fachlichen Wissens und Könnens (...) zielorientiert, sachgerecht, methodengeleitet und selbstständig zu lösen und das Ergebnis zu beurteilen" (KMK-Handreichungen 1996/ 2000, S. 9). Demnach beinhalten fachliche Fähigkeiten das fachliche Wissen und Können als grundsätzliche Voraussetzung für das Lösen von Aufgaben und Problemen. Das fachliche Wissen und Können im Bereich der berufsbildenden Schulen stellen die Inhalte der Lernfelder dar.

1.2.2.3 Soziale Fähigkeiten

Zur Präzisierung wird auf das „Grundmodell des sozial-kommunikativen Handelns" zurückgegriffen. Danach können Sozialkompetenzen definiert werden „als Handlungskompetenzen (1), die ein sozial-kommunikatives Handeln (2) über unterschiedliche Inhalte (3) in spezifischen Situationen (4) ermöglichen" (Euler & Reemtsma-Theis 1999, S. 171). Die Sozialkompetenzen bilden die Grundlage und Möglichkeit für sozial-kommunikatives Handeln (Euler & Reemtsma-Theis 1999).

1.2.2.4 Methodische Fähigkeiten

Die Ausführungen der KMK zur Methoden- und Lernkompetenz, dass „eine ausgewogene Fach-, Personal-, Sozialkompetenz" die „Voraussetzung für Methoden- und Lernkompetenz" ist (KMK-Handreichungen 1996/2000, S. 9), leisten keinen Beitrag zur Konkretisierung. Daher werden im Folgenden, unter Rückgriff auf das Handlungskompetenz-Modell in Abbildung 1, zunächst die methodischen Fähigkeiten und im Anschluss daran die Lernfähigkeit definiert.

Zur Präzisierung der methodischen Fähigkeiten wird auf den „allgemeinen Rahmen von Handeln und Lernen" zurück gegriffen (Straka/Macke 2002). Die kognitive Dimension des Handelns umfasst die Arbeitstechniken als eine Modellierung der von der KMK nicht näher bestimmten Methodenkompetenz. Die Arbeitstechniken beinhalten das Planen, Organisieren sowie das Überwachen des Handelns (Straka 2001).

1.2.2.5 Lernfähigkeit

Im Bereich der beruflichen Erstausbildung ist Ziel von Betrieb und Schule, dass das Handeln der Auszubildenden bzw. Schüler/innen zu Lernen führt. Somit ist die Lernfähigkeit im Kern des Modells zu finden, wobei sie hier als Fähigkeit verstanden wird, sich Sachverhalte und Zusammenhänge anzueignen bzw. zu erfassen, auszuwerten und in gedankliche Strukturen einzuordnen. Dabei werden Handlungen des Strukturierens, des Elaborierens und des Wiederholens (Straka, 2001) angesprochen, wobei das Elaborieren den Schwerpunkt der Lernfähigkeit bildet. Während das Strukturieren dazu dient, das Lernmaterial zu vereinfachen und übersichtlich zu gestalten, dient das Wiederholen der Sicherung der Dauerhaftigkeit des Angeeigneten. Mit Elaborieren ist ein Prozess angesprochen, in dem neue Sachverhalte (Informationen) mit bereits bestehenden Wissensstrukturen in Zusammenhang gebracht und darin integriert werden. Die neuen Informationen werden mit eigenen Worten umschrieben, in Gedanken ausgearbeitet, es werden Analogien gebildet, Schlussfolgerungen gezogen und Beziehungen zu bereits bestehendem Wissen hergestellt.

Es wird deutlich, dass die Lernfähigkeit als Voraussetzung für die Entwicklung der fachlichen, methodischen und sozialen Fähigkeiten gesehen werden kann. Den entscheidenden Prozess des Aneignens bildet das Elaborieren. Beim Elaborieren können neue Sachverhalte (Informationen) aus den hier dargestellten Fähigkeitsbereichen (fachlich, sozial und methodisch) in bereits bestehende Strukturen aufgenommen und integriert werden. Ein funktionaler Zusammenhang besteht zwischen der Lernfähigkeit und den methodischen Fähigkeiten. Die Lernfähigkeit kann als Voraussetzung methodischer Fähigkeiten angesehen werden. Andererseits ergänzen methodische Fähigkeiten wie das Planen, Organisieren und Überwachen des eigenen Handelns das Aneignen neuen Wissens und werden somit Teil eines Lernprozesses.

1.2.3 Wie werden die Kompetenzen erfasst?

Die Erfassung der Kompetenzen erfolgt durch Beobachtung mit Hilfe von Beobachtungs- und Beurteilungsbögen. Dabei ist zu beachten, dass alle drei Phasen der Kompetenzerfassung (Vorbereitung, Durchführung und Nachbereitung) im Team gemeinsam durchlaufen werden.

In der *Vorbereitung* werden die Beobachter/innen auf mögliche Beobachtungs- und Beurteilungsfehler aufmerksam gemacht und dafür sensibilisiert, diese im Prozess zu berücksichtigen. Außerdem werden Beobachtungs- und Beurteilungskriterien und Kontexte ausgewählt, definiert und formuliert. Die Beobachter/innen verständigen sich über einen einheitlichen Beobachtungs- und Beurteilungsprozess. Die Beobachtungs- und Beurteilungsbögen werden der Erfassungssituation „angemessen" adaptiert. Dies soll heißen, dass die Lehrkräfte entscheiden, wie die Unterrichtssituation angelegt sein soll und die

Bögen der Art gestaltet werden, dass Fähigkeiten erfasst werden, die der Kontext auch abverlangt.

Die *Durchführung* beinhaltet das Beobachten, das Beurteilen und die anschließende Rückmeldung an die Schüler/innen. Hier ist zu berücksichtigen, dass die Schüler/innen zunehmend in den Prozess mit einbezogen werden, sodass sie lernen, welche Fähigkeiten in bestimmten Situationen gefordert sind und auch Kritik zu üben und anzunehmen. Wünschenswert ist, dass die Schüler/innen zum Ende ihrer Ausbildung hin in der Lage sind, den Beobachtungs- und Beurteilungsprozess von Anfang bis Ende mitzugestalten. Das bedeutet, dass sie möglichst zunehmend auch in den Prozess der Vor- und Nachbereitung einbezogen werden.

Die *Nachbereitung* umfasst die Reflexion der Kriterien und des Beobachtungskontextes und somit evtl. Modifizierungen bei zukünftigen Beobachtungen und Beurteilungen. Auch der Beratungsbedarf der Schüler/innen wird reflektiert, woran sich evtl. Beratungs- und Fördermaßnahmen anschließen.

Ein grundsätzliches Problem stellt die Tatsache dar, dass eine Lehrkraft das Verhalten eines/einer Schülers/Schülerin wahrnimmt und dies unter Einbezug der jeweiligen Situation interpretiert, d.h. Rückschlüsse auf die Handlungen des/der jeweiligen Schülers/Schülerin zieht. Methodische und soziale Fähigkeiten können nicht direkt beobachtet werden. Das wahrgenommene Verhalten kann lediglich Schlussfolgerungen auf Fähigkeitsdispositionen der Schüler/innen zulassen. Dessen muss sich jede/r Beobachter/in bewusst sein.

Qualitätsstandards für die Erfassung von Kompetenzen – sei es mündlich, schriftlich oder praktisch – sind die Objektivität, Zuverlässigkeit, Gültigkeit, Fairness und Ökonomie (Metzger/Dörig/Waibel 1998; Straka 1983). Die hier aufgeführten Gütekriterien einer Messung sind voneinander nicht unabhängig. Die Beobachtung und Beurteilung des Verhaltens der Schüler/innen zur „Erfassung und Beurteilung der Kompetenzen jenseits der Fachkompetenz" kann den Gütekriterien nur eingeschränkt genügen, insbesondere wenn diese von einer Person vorgenommen wird. Im Sinne der Gütekriterien ist es notwendig, dass möglichst viele Beobachter/innen die Kompetenzerfassung durchführen und alle fünf Konzept-Fragen durch die Beobachter/innen gemeinsam erörtert werden. Die Gültigkeit der Erfassung der Fähigkeiten kann erhöht werden, indem das Verhalten der Schüler/innen formativ und in verschiedenen Situationen beobachtet und beurteilt wird. Eine Beobachtung und

Beurteilung durch verschiedene Lehrkräfte und eventuell auch durch Mitschüler/innen, dient ebenfalls der Erhöhung der Messgüte. Gleichwohl kann mit der Beobachtung und Beurteilung durch mehrere Beobachter/innen ein Beitrag zur Erhöhung der Objektivität geleistet werden. Der Kriterienkatalog soll ebenfalls der Objektivität sowie der Einheitlichkeit der Beurteilungen dienen. Denn je mehr es gelingt, Einflüsse der Beobachter/innen bei der Erfassung und Beurteilung von Kompetenzen auszuschließen, um so objektiver ist die Kompetenzerfassung. Da ein Instrument zur Kompetenzerfassung das erheben sollte, was es zu erfassen und zu beurteilen beansprucht, ist darauf zu achten, dass die Lern- und Arbeitskontexte die „ausgewählten" Kompetenzen aktivieren (Gültigkeit).

Die gemeinsame Definition der Beobachtungs- und Beurteilungskriterien durch die Beobachter/innen kann der Sicherung der Zuverlässigkeit dienen, die den Grad der Genauigkeit einer Erfassung bestimmt. Im Sinne der Fairness sollte eine Kompetenzerfassung möglichst unter gleichen Bedingungen und auf Grundlage gleicher Bewertungsnormen statt finden. Daher ist es wichtig, dass die Kontexte und Kriterien festgelegt werden.

Das Kriterium Ökonomie hat die Kosten einer Kompetenzerfassung zum Gegenstand, die nach den Gesichtspunkten Vorbereitung, Durchführung und Nachbereitung der Kompetenzerfassung differenziert werden können. Da die Erfassung und Beurteilung von Kompetenzen der Schüler/innen zum Bildungsauftrag der Schulen und im Tätigkeitsbereich der Lehrkräfte liegen, dürften keine zusätzlichen Kosten anfallen. Die Praxis zeigt, dass die Entwicklung und Weiterentwicklung eines Konzeptes gerade in der Anfangsphase viel Zeit und Motivation der Lehrkräfte beansprucht.

1.2.4 Wann werden die Kompetenzen erfasst?

Wünschenswert ist eine formative Erfassung und Beurteilung von Kompetenzen im gesamten Unterricht. Auf Grund der Facetten- und Situationsvielfalt sowie der umfassenden Anzahl an Schüler/innen können sich die Beobachter/innen auf die Beobachtung und Beurteilung von Fähigkeiten in bestimmten Situationen (z. B. Rollenspiel, Projekt usw.) einigen. Eine Ausweitung auf mehrere Unterrichtskontexte kann evtl. im Laufe der Ausbildungszeit angestrebt werden.

1.2.5 Wer erfasst die Kompetenzen?

Die Kompetenzen können sowohl durch eine Lehrkraft als auch durch mehrere Lehrkräfte erfasst werden. Sinnvoll ist es, die Schüler/innen in die Beobachtung einzubeziehen und sie eine Fremd- und Selbsteinschätzung durchführen zu lassen. Die Beobachtungs- und Beurteilungsbögen geben durch ihre Leitfadenfunktion eine Unterstützung. Zu betonen ist dabei die Wichtig- bzw. Notwendigkeit, die Beobachtungs- und Beurteilungskriterien offen zu legen.

2 Einsatz des Konzeptes in der Schulpraxis

Auf Basis des hier vorgestellten Konzeptes zur Erfassung von Kompetenzen wurden die fünf Fragen in insgesamt vier Workshops mit dem Lehrkräfte-Team diskutiert und beantwortet.

2.1 Warum wird erfasst?

Um dem Bildungsauftrag gerecht zu werden und unter besonderer Betonung der Förderung der Schüler/innen sahen sich die Lehrkräfte veranlasst, eine „Erfassung von Kompetenzen jenseits der Fachkompetenz" durchzuführen.

2.2 Was wird erfasst?

Auf Grund der großen Facettenvielfalt der einzelnen Kompetenzdimensionen ist es gerade im Bereich Schule sehr schwer, bei ca. 20 - 30 Schüler/innen alle Facetten gleichzeitig zu beobachten und zu beurteilen. Daher wurden in Kooperation mit dem Lehrkräfte-Team Fähigkeiten ausgewählt und definiert, die das Team – unter Berücksichtigung des Ausbildungsrahmenplans – für die Ausbildung zum Bankkaufmann / zur Bankkauffrau für die Wichtigsten hält und die auch im Unterricht beobachtbar sind. Grundsätzlich verständigten sich die Lehrkräfte auf die Erfassung der sozialen und methodischen Fähigkeiten.

Soziale Fähigkeiten

Auf Grundlage des Modells „sozial-kommunikativen Handelns" können die sozialen Fähigkeiten wie folgt präzisiert werden (Euler/Reemtsma-Theis, 1999):

Facetten	
Kommunizieren in „sozialen Handlungssituationen"	Artikulieren von verbalen und non-verbalen Äußerungen auf der Sach-, Beziehungs-, Selbstkundgabe- und Absichtsebene
	Interpretieren von verbalen und non-verbalen Äußerungen auf der Sach-, Beziehungs-, Selbstkundgabe- und Absichtsebene
	Artikulieren und Interpretieren von verbalen und non-verbalen Äußerungen im Rahmen einer Meta-Kommunikation auf der Sach-, Beziehungs-, Selbstkundgabe- und Absichtsebene
Reflexion über „soziale Handlungssituationen"	Bedeutung und Ausprägung der situativen Bedingungen klären, insbesondere ... ... von zeitlichen & räumlichen Rahmenbedingungen der Kommunikation; ... von „Nachwirkungen" aus vorangegangenen Ereignissen; ... der sozialen Erwartungen an die Gesprächspartner; ... der Wirkungen aus der Gruppenzusammensetzung, jeweils im Hinblick auf die eigene Person sowie die Kommunikationspartner/innen.
	Bedeutung und Ausprägung der personalen Bedingungen klären, insbesondere ... ... der emotionalen Befindlichkeit (Gefühle); ... der normativen Ausrichtung (Werte); ... der Handlungsprioritäten (Ziele); ... der fachlichen Grundlagen (Wissen); ... des Selbstkonzepts („Bild" von der Person), jeweils im Hinblick auf die eigene Person sowie die Kommunikationspartner/innen.

Facetten	
Reflexion über „soziale Handlungssituationen"	Übereinstimmung zwischen den äußeren Erwartungen an ein situationsgerechtes Handeln und den inneren Ansprüchen an ein authentisches Handeln klären.
Bewegung zwischen Aktion und Reflexion in „sozialen Handlungssituationen"	Kommunikationsstörungen identifizieren und sich mit ihnen auseinander setzen.
	Reflexiv gewonnene Einsichten und Vorhaben in die Kommunikationsgestaltung einbringen und umsetzen

Methodische Fähigkeiten

Die Präzisierung der methodischen Fähigkeiten erfolgt auf der Grundlage von Forschungsarbeiten der Forschungsgruppe *LOS* (Straka 2001).

Facetten	
Planen	Zielplanung
	Inhaltliches Planen
	Zeitliches Planen
Organisieren	Gestaltung der Arbeits- bzw. Lernumgebung
	Informationsbeschaffung
	Zusammenarbeit
Überwachen und Kontrollieren	Überwachen
	Reflektieren
	Regulieren
	Bewerten
Codieren	auditiv
	visuell
	audiovisuell

Unter Rückgriff auf die dargestellten Präzisierungsübersichten der sozialen und methodischen Fähigkeiten wurden Kriterienkataloge entwickelt. Dazu wurden Handlungen formuliert, die die einzelnen Facetten abbilden und als Kriterien für die Beobachtungs- und Beurteilungsbögen dienen. Beispielhaft sind nachfolgend Handlungsbeschreibungen[3] angeführt.

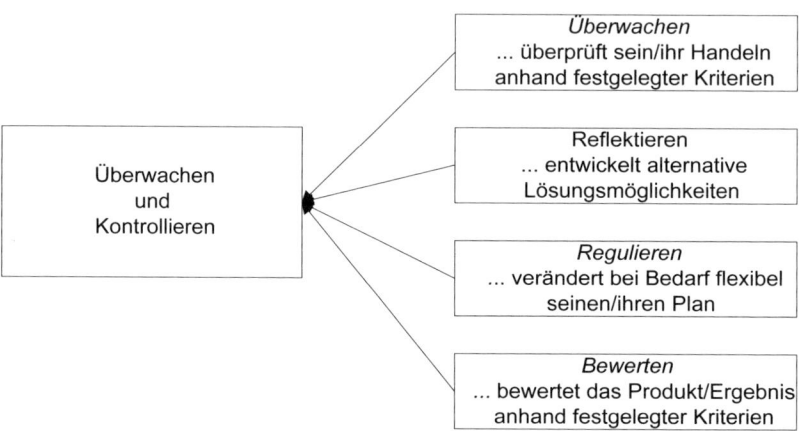

2.3 Wie wird erfasst?

Unsere gemeinsame Arbeit beschränkte sich auf die Vorbereitung der Kompetenzerfassung. Die Durchführung und Nachbereitung übernahm das Team in Eigenregie gemäß des in 1.2.3 vorgestellten Rahmens. Es wurde – wie bereits erwähnt – eine Auswahl an zu erfassenden Fähigkeiten getroffen und Kriterien formuliert. Die Beteiligten verständigten sich auf einen einheitlich ablaufenden Beobachtungs- und Beurteilungsprozess sowie auf eine Auswahl an Unterrichtssituationen, um die Erfassungskontexte vergleichbar zu machen. Auf Grundlage des Manuals[4] wurden Beobachtungs- und Beurteilungsbögen kontextadäquat zusammen gestellt.

---

[3] Die in den Handlungsbeschreibungen erwähnten Kriterien sind mit den Schülern/-innen gemeinsam festzulegen.
[4] vgl. Kapitel 3 „Ergebnisse".

2.4 Wann wird erfasst?

Das Team verständigte sich darauf, die Erfassung zunächst in ausgewählten Unterrichtsformen bzw. -situationen zu erfassen und strebte eine Ausweitung auf weitere Unterrichtskontexte an.

2.5 Wer erfasst?

Hierbei einigten sich die Lehrkräfte darauf, die Schüler/innen zunehmend in den gesamten Prozess der Kompetenzerfassung und -beurteilung mit einzubeziehen.

3 Ergebnisse

Im Rahmen des geschilderten Vorhabens entstand ein Manual zur Erfassung von Kompetenzen im „handlungsorientierten" Unterricht (htttp://www.los-forschung.de). Neben theoretischen Ausführungen zur Kompetenzerfassung enthält es eine Kurzbeschreibung ausgewählter „handlungsorientierter" Lehr-Lernformen, Kriterien zur Erfassung methodischer und sozialer Fähigkeiten, Kriterien zur Produkt-Beurteilung, zur Beurteilung der „Verständlichkeit" und zur Beurteilung von Visualisierungen und Moderationen sowie ausgewählte Beobachtungs- und Beurteilungsbögen.

Das Manual bietet u.a. eine Auswahl diverser Beobachtungs- und Beurteilungsbögen, die beispielhaft für die Erfassung verschiedener Kriterien in unterschiedlichen Situationen angeführt sind. Auf den Bögen wird jeweils der Name des Schüler/der Schülerin vermerkt. Außerdem werden Angaben zum Ausbildungsjahr, zum Unterrichtsblock, zum Lernfeld und dessen Inhalt, der in der betreffenden Unterrichtssequenz behandelt wird, sowie eine kurze Situationsbeschreibung abverlangt. In der unteren Hälfte des Bogens ist dann in Tabellenform die Übersicht mit „ausgewählten Fähigkeiten bzw. Kriterien" zu finden, die der/die jeweilige Beobachter/in zu erfassen und zu bewerten hat.

Die Bewertung der Kriteriumsausprägung erfolgt in einer dreistufigen Skalierung. Die Beobachter/innen sind gefordert, die ausgewählten Kriterien mit „-, 0 oder +" zu bewerten. Eine ausdifferenziertere Beurteilungsskala wurde von den Lehrkräften aus Gründen der Handhabbarkeit abgelehnt, was die Aussagekraft damit entscheidend einschränkt.

Die zweite Seite des Bogens bietet die Möglichkeit, Maßnahmen zur Förderung der Kompetenzen festzuhalten sowie sonstige Anmerkungen zu machen. Hier können die Bewertungen der ersten Seite mit Beispielen belegt werden.

Die Bögen bieten eine Auswahl inhaltlicher wie auch gestalterischer Ausrichtungsmöglichkeiten. Somit werden Beobachter/innen-Teams, die eine Grobgliederung der Kriterien bevorzugen, ebenso „fündig" wie solche, die eine detailliertere Kriterienausrichtung wünschen. Es ist darüber hinaus auch durchaus möglich, eine detailliertere Auswahl zur Beobachtung auszuwählen und dann diese in der Grobgliederung einzuordnen bzw. einzutragen. Der gestalterischen Ausrichtung der Bögen und somit eines situationsadäquaten Einsatzes sind demnach keine Grenzen gesetzt. Die Beurteilungs- und Beobachtungsbögen sind von dem Beobachter/innen-Team kontextadäquat sowie kriterien- und zielorientiert zusammenzustellen und individuell einsetzbar.

Im Sinne einer einheitlichen Handhabung der Kompetenzerfassung beabsichtigte das Lehrkräfte-Team als Multiplikatoren ins Kollegium zu gehen, um eine systematische Kompetenzerfassung in der Schule zu verankern. Die Zertifizierung der erfassten und beurteilten Kompetenzen der Schüler/innen wurde im Team diskutiert und auch hierüber sollte eine Einigung im gesamten Schul-Kollegium herbeigeführt werden.

Literatur

EULER, D./REEMTSMA-THEIS, M. (1999): Sozialkompetenzen? über die Klärung einer didaktischen Zielkategorie. In: Zeitschrift für Berufs- und Wirtschaftspädagogik, 95/2. S. 168-198.

SEKRETARIAT DER STÄNDIGEN KONFERENZ DER KULTUSMINISTER DER LÄNDER IN DER BUNDESREPUBLIK DEUTSCHLAND (Hrsg.) (1991): KMK Rahmenvereinbarung. Rahmenvereinbarung über die Berufsschule.

KMK - KOMMISSION DER KULTUSMINISTERKONFERENZ (1999): Perspektiven der Lehrerbildung in Deutschland – Abschlußbericht der von der Kultusministerkonferenz eingesetzten Kommission. Bonn.

SEKRETARIAT DER STÄNDIGEN KONFERENZ DER KULTUSMINISTER DER LÄNDER IN DER BUNDESREPUBLIK DEUTSCHLAND (Hrsg.) (1996): KMK-Handreichungen (1996/2000). Handreichungen für die Erarbeitung von Rahmenlehrplänen der Kultusministerkonferenz (KMK) für den berufsbezogenen Unterricht in der Berufsschule und ihre Abstimmung mit Ausbildungsordnungen des Bundes für anerkannte Ausbildungsberufe. (Stand: 15.09.2000).

METZGER, C./DÖRIG, R./WAIBEL, R. (1998): Gültig prüfen. Modell und Empfehlungen für die Sekundarstufe II unter besonderer Berücksichtigung der kaufmännischen Lehrabschluss- und Berufsmaturitätsprüfungen. St. Gallen: Institut für Wirtschaftspädagogik.

STRAKA, G. A. (1983). Lernen, Lehren und Bewerten. Mainz: Kohlhammer.

STRAKA, G. A./LANG, S./LANGE, U. (2000): Folgen des Lernfeldkonzepts für die Ermittlung von Lernergebnissen. In: Zeitschrift für Berufs- und Wirtschaftspädagogik, 96, S. 433-441.

STRAKA, G. A. (2001): Lernkompetenz – Dimensionen und Möglichkeiten ihrer Veränderung. In: G. Franke (Hrsg.), Komplexität und Kompetenz. Ausgewählte Fragen der Kompetenzforschung. BIBB. S. 179-199

STRAKA, G. A./MACKE, G. (2002): Lern-Lehr-theoretische Didaktik. Münster: Waxmann.

INGO PENK

Erfassung und Bewertung von Projektarbeit im Modellversuch LETko/LOK-Team

Die Verbesserung der Teamfähigkeit von Schülern und Auszubildenden stellt eine wesentliche Zielsetzung des Zwillingsmodellversuches LETko/LOK-Team dar, der sich aus dem Wirtschaftsmodellversuch „Lernortübergreifende Entwicklung von Teamfähigkeit und kooperativer Berufsorientierung" (LETko) und dem korrespondierenden BLK-Modellversuch „Teamarbeit und Berufsorientierung als Gegenstand der Lernortkooperation zwischen Ausbildungsbetrieb, Berufsschule und allgemeinbildender Schule" (LOK-Team) konstituiert. Vor dem Hintergrund der Erkenntnis, dass ein Lernort alleine mit einer nachhaltigen Förderung von Teamfähigkeit überfordert wäre, wurde eine lernortübergreifende Zusammenarbeit zwischen Ausbildungsbetrieben sowie beruflichen- und allgemeinbildenden Schulen ins Leben gerufen, die außerdem darauf abzielt, die Berufsorientierung der Jugendlichen und die Kooperation zwischen den einzelnen Bildungsstandorten zu verbessern.
Ein wesentliches Element des Modellversuches bildet die Planung und Umsetzung von verschiedenen kooperativen, z.T. projektorientierten Lernvorhaben. Vor dem Hintergrund der zunehmend erhobenen Forderung, überfachliche Qualifikationen wie Teamfähigkeit nicht nur verstärkt zu fördern, sondern diese auch in die Leistungsbeurteilung von Schülern und Auszubildenden einzubinden, sollte im Rahmen des Modellversuches ein Beurteilungskonzept entwickelt und erprobt werden, das eine Beurteilung sowohl fachlicher als auch überfachlicher Qualifikationen, insbesondere der Teamfähigkeit der Lernenden, ermöglicht.
Im weiteren Verlauf dieses Beitrages sollen die erarbeiteten Ansätze sowie die ersten Erfahrungen, die mit ihrer Umsetzung gesammelt wurden, vorgestellt und erläutert werden.

1 Konzeptionelle Grundlegungen

Für die Ausarbeitung eines Bewertungskonzeptes im Rahmen des Zwillingsmodellversuches LETko/LOK-Team wurde eine mehrstufige Vorgehensweise gewählt, die folgende Schritte aufweist:

- Entwicklung eines gemeinsamen Leitbildes zur Teamarbeit,
- Definition des Begriffs Teamfähigkeit,
- Festlegung von prinzipiellen Bewertungsgrundsätzen,
- Entwurf einer Ablaufstruktur,
- Entwicklung von entsprechenden Hilfsmitteln und Instrumenten,
- Erprobung der erarbeiteten Hilfsmittel, Instrumente und Methoden.

Eine Anforderung, die das erarbeitete Bewertungskonzept erfüllen sollte, besteht unter anderem darin, dass es geeignet sein soll, die Teamfähigkeit als überfachliche Qualifikation zu erfassen und zu beurteilen. Dies setzt voraus, dass der Begriff „Teamfähigkeit" inhaltlich klar definiert ist, sodass alle am Bewertungsprozess beteiligten Personen eine gemeinsame Vorstellung haben, was unter Teamfähigkeit zu verstehen ist. Um den Begriff „Teamfähigkeit" inhaltlich zu füllen und zu einer gemeinsam getragenen Definition zu kommen, wurde zunächst ein gemeinsames Leitbild zur „Teamarbeit" entwickelt. Dieses Vorgehen erschien insofern sinnvoll, weil Teamfähigkeit die qualifikatorische Voraussetzung für die erfolgreiche Bewältigung von Teamarbeit darstellt. Aus diesem Grund wurde vom Projektteam folgendes Leitbild zur Teamarbeit entwickelt:

Leitbild zur Teamarbeit

- *Teamarbeit ist notwendig, weil die Komplexität der Aufgabenstellungen in allen Lebensbereichen zunimmt.*
- *Teamarbeit verbessert die Handlungs- und Sozialkompetenz der Teammitglieder.*
- *Im Team wird die Balance von „Geben" und „Nehmen" gewahrt.*

- *Probleme und Fehler werden als Lernchance genutzt und Konflikte konstruktiv ausgetragen.*
- *Die Aufgabenstellungen zur Teamarbeit orientieren sich an beruflicher Praxis.*
- *Lehrer und Schüler erstellen und erproben Konzepte für die Arbeit im Team.*
- *Regelmäßige Teamsitzungen mit gemeinsamer Planung, Prozessanalyse und Konfliktbearbeitung optimieren die Teamarbeit. Die beteiligten Lehrkräfte qualifizieren sich über gemeinsame Fortbildung.*

Ausgehend von dem gemeinsam erarbeiteten Leitbild zur Teamarbeit wurde für den Begriff Teamfähigkeit eine Arbeitsdefinition entwickelt, in der festgelegt wurde, aus welchen Kernkompetenzen sich Teamfähigkeit zusammensetzt. Zu diesen Kernkompetenzen zählen Selbstlernkompetenz, Kommunikative Fähigkeiten, Konfliktfähigkeit, Planungskompetenz, Reflexionsfähigkeit, Kreativität und Problemlösefähigkeit. Ferner wird davon ausgegangen, dass sowohl für die Teamfähigkeit als Ganzes als auch für die Einzelkompetenzen Einstellungen und Haltungen, kognitive Fähigkeiten, theoretisches Wissen und Methodenkenntnisse sowie emotionale und soziale Fähigkeiten konstituierende Elemente sind (vgl. Abb. 1).

Diese Definition ist konzipiert worden, um Lehrern und Ausbildern möglichst frühzeitig im Rahmen des Modellversuches eine Ausgangsbasis für ihre Tätigkeit in den Kooperationsvorhaben zur Verfügung zu stellen. Eine den Anforderungen des Modellversuches genügende Definition in der einschlägigen Fachliteratur zu finden, führten zu keinem befriedigenden Ergebnis. Die meisten Veröffentlichungen konzentrieren sich darauf aufzuzeigen, wie Teamarbeit in Schulen oder Betrieben eingeführt, begleitet oder gefördert werden kann. Welche Bestandteile und Elemente Teamfähigkeit ausmachen, wird kaum oder nur unzureichend dargestellt.[1]

---

[1] Meyer (1997, S. 186) definiert zwar Teamarbeit als „... die kontinuierliche, fachlichen Ansprüchen genügende Kooperation von mindestens zwei Personen, die die selbstgesetzten oder übertragenen Aufgaben in eigner Verantwortung planen durchführen und auswerten." Eine Definition des Begriffs Teamfähigkeit bleibt er jedoch schuldig. Ohne den Begriff Teamfähigkeit erklärend aufzugreifen liefern Selbach und Schneider (1994, S. 44 ff.) eine Beschreibung von verschiedenen Formen von Team- bzw. Gruppenarbeit wie sie beispielsweise in Klein- und Großbetrieben sowie in Bildungszentren denkbar sind. Klippert (2000) schildert, welche Probleme sich bei der Einführung von Gruppenarbeit ergeben können und welche Vorteile das Lernen in Gruppen hat. Darüber hinaus führt er in großem Umfang Trainings-

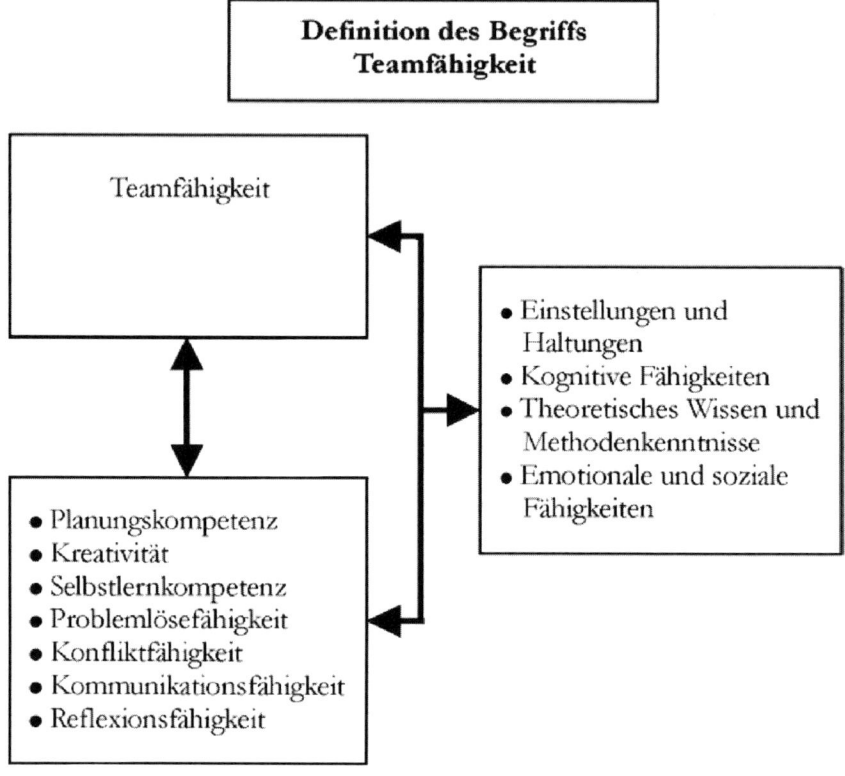

Abb. 1: Definition des Begriffs Teamfähigkeit

In die Definition wurden Erkenntnisse aus der vorhandenen Fachliteratur, soweit sie für die Erstellung einer den Erfordernissen des Modellversuchs genügenden Definition zweckmäßig waren, eingearbeitet.

Schwendenwein (2000, S. 326) versteht unter Teamfähigkeit die Teilkompetenz eines Lerners, die sich darin äußert, dass er seinen Aufgaben als Mitglied einer Arbeitsgruppe erwartungsgemäß und konfliktfrei nachkommt. Außerdem geht er davon aus, dass der „teamfähige" Lerner die Handlungen der

---

bausteine auf, die geeignet sind, Gruppenarbeit im Unterricht zu fördern. Eine Definition von Teamfähigkeit wird von ihm jedoch nicht vorgenommen. Auch Vopel (2000) und Stöger (1996) bringen keine Definition des Begriffs Teamfähigkeit und beschränken sich auf die Darstellung von Methoden, Übungen und Vorgehensweisen zur Verbesserung der Teamfähigkeit. Philipp (2000) beschreibt Konzepte und Methoden zur Teamentwicklung in der Schule ohne den Begriff Teamfähigkeit inhaltlich zu füllen.

anderen Gruppenmitglieder beobachtet und interveniert, wenn dies notwendig erscheint. Hieraus lässt sich die Bedeutung von Konfliktfähigkeit für Gruppenarbeit ableiten, die in die Arbeitsdefinition als Teilkompetenz von Teamfähigkeit Eingang gefunden hat. Cohn (1975, S.122) untermauert die Annahme, dass Konfliktfähigkeit und der Umgang mit Emotionen in Gruppenprozessen einen hohen Stellenwert besitzt, in dem sie darauf hinweist, dass es erforderlich ist, dass Beziehungsprobleme und persönliche Schwierigkeiten innerhalb der Gruppe thematisiert und aufgearbeitet werden müssen.

Auf die Bedeutung von Emotionen in Gruppenprozessen weist auch Brocher (1967, S. 117) hin. Ferner hebt er hervor, dass es für die Arbeit in der Gruppe wichtig ist, dass über Gefühle kommuniziert werden kann. Vor diesem Hintergrund wurde in die Arbeitsdefinition die Kommunikationsfähigkeit als Teilkompetenz von Teamfähigkeit aufgenommen. Eng verbunden mit der Fähigkeit, richtig zu kommunizieren und mit Konflikten angemessen umzugehen, ist die Fähigkeit, Handlungen und Verhalten zu reflektieren. Jeder, der in einer Gruppe arbeitet, sollte in der Lage sein, die Geschehnisse innerhalb der Gruppe zu spiegeln und kritisch zu hinterfragen. In der Gruppe spielen die subjektiven Wahrnehmungen ihrer Mitglieder eine bedeutende Rolle, denn in einer Gruppe *„...zählt nicht das, was der Fall ist, sondern das was subjektiv erlebt wird: Die Sensibilität für die Selbst- und Fremdwahrnehmung ist eine Voraussetzung für erfolgreiche Gruppenarbeit."* (Meyer 1989, S. 239)

Die Fähigkeit zur (Selbst-) Reflexion ist nicht nur bei der Bewältigung von Konflikten und angemessener Kommunikation von elementarer Bedeutung, sondern sie repräsentiert auch ein Instrument zur Verbesserung der Problemlösefähigkeit, die von Besemer u.a. (1998, S. 102 ff.) neben dem selbstgesteuerten und selbstorganisierten Lernen als wichtige Kompetenz im Rahmen von Gruppenarbeit herausgestellt wird.

Eine wichtige Eigenschaft von Gruppenarbeit ist, dass sie den Mitgliedern ein möglichst hohes Maß an Entscheidungs- und Planungsfreiheit bezüglich ihrer Handlungen und Vorgehensweisen einräumt. Nothdurft (2000, S. 46) verweist darauf, dass sich Gruppen oder Teams nach Möglichkeit Ziele weitest gehend selbst setzen müssen. Ferner macht er deutlich, dass Teammitglieder in der Lage sein müssen, Entscheidungen zu treffen und dies sowohl in Form einer Gruppenentscheidung gemeinsam mit den anderen Mitgliedern im Kollektiv der Gruppe als auch in Form einer Einzelentscheidung als Individuum, wenn eine Gruppenentscheidung zu aufwendig wäre (vgl. ebd., S. 54ff.). Die Fähigkeit, Entscheidungen zu treffen und Ziele zu setzen, wurde im Rahmen der Arbeitsdefinition unter dem Begriff Planungskompetenz zusammengefasst.

Teamarbeit zielt unter anderem darauf ab, Synergieeffekte nutzbar zu machen. Man geht davon aus, dass die Gruppenleistung höher ist, als die Summe der Einzelleistungen seiner Mitglieder (vgl. Antoni 2000, S. 128). Solche Synergieeffekte stellen sich aber nur dann ein, wenn sich keine sogenannten Prozessverluste durch fehlende Beiträge von Teammitgliedern einstellen. Um zu verhindern, dass sich solche Prozessverluste ergeben und um Synergieeffekte zu fördern, ist es notwendig, dass den Gruppenmitgliedern die Möglichkeit gegeben wird, kreative Ideen zu entwickeln (vgl. ebd., S. 134). Kreativität ist bei der Konfliktbewältigung ebenso von Bedeutung wie bei der Lösung von Problemen und der Planung von Abläufen und Handlungen im Rahmen der Gruppenarbeit. Aus diesem Grund hat sie als Teilkompetenz der Teamfähigkeit in die Definition Eingang gefunden.

2 Ausarbeitung von Bewertungsgrundsätzen

Mit der Ausarbeitung von Grundsätzen soll festgelegt werden, welchen pädagogischen, didaktischen und methodischen Anforderungen das Bewertungskonzept genügen sollte. Hierzu sollten Grundsätze formuliert werden, die bei der Konzeption des Bewertungskonzeptes handlungsleitend sein sollten. Sie wurden von den Modellversuchsakteuren unter Einbeziehung von externen Experten und der einschlägigen Fachliteratur erarbeitet. Ebenfalls berücksichtigt wurde das von der DaimlerChrysler AG (Durchführungsträger des Wirtschaftsmodellversuchs LETko) konzernweit eingeführte Bewertungskonzept „Ausbildung im Dialog" (AiD).[2] Dieses Konzept wurde darauf hin untersucht, welche grundlegenden Ansätze und Prinzipien von den Schulen adaptiert werden können.

Eine einfache Übertragung des Konzeptes auf die Schule war u.a. deshalb nicht möglich, weil die Lehrer in den allgemeinbildenden und berufsbildenden Schulen mit anderen Rahmenbedingungen konfrontiert werden als die Ausbilder in den Betrieben. In den allgemeinbildenden Schulen unterrichten die Lehrer in der Regel nur wenige Stunden in der selben Klasse. Dem Berufsschullehrer stehen die Schüler nur für ein oder zwei Tage zur Verfügung, während die Auszubildenden in den Betrieben mehrere Tage pro Woche

---

[2] Vgl. den Beitrag von Maßon in diesem Band.

einer systematischen Bewertung unterzogen werden können. Darüber hinaus sind auch die Klassen in den allgemeinbildenden und berufsbildenden Schulen größer als die Ausbildungsgruppen in den Betrieben.

Für die Konzeption eines Bewertungskonzepts wurden folgende Grundsätze formuliert:

- Kombination von summativer und kontinuierlicher Bewertung von Prozess und Produkt,
- Gewährleistung von Transparenz und Akzeptanz des Bewertungsprozesses,
- sinnvolle Kombination von Fremd- und Eigenbewertung,
- Bewertung von fachlichen und überfachlichen Qualifikationen,
- Nutzung der Bewertung als Förderinstrument,
- Initiation eines Beurteilungsdialoges,
- Trennung von Beobachtung und Beurteilung,
- Abstimmung von Bewertungsprozess und Vermittlungsprozess.

Summative und kontinuierliche Bewertung von Prozess und Produkt zur Bewertung von fachlichen und überfachlichen Qualifikationen

Leistungsbeurteilung in der modernen Schule wird zunehmend mit der Anforderung konfrontiert, mehr Leistungsdimensionen zu erfassen, als dies bisher der Fall ist. Es wird die Forderung erhoben, der Gruppenleistung gegenüber der Einzelleistung mehr Gewicht zu verschaffen. Außerdem sollen nicht nur kognitive, sondern auch soziale und psychomotorische Leistungen in die Bewertung aufgenommen werden. Prozessleistungen sollen gegenüber Produktleistungen ebenso an Bedeutung gewinnen wie die überfachlichen Leistungen gegenüber den fachlichen Leistungskomponenten (vgl. Lütgert 1999, S. 47). Dementsprechend soll das im Rahmen des Modellversuches entwickelte Konzept zur Beurteilung eine produkt- und prozessorientierte Bewertung von fachlichen und überfachlichen Qualifikationen ermöglichen.

Erfolgt eine integrative, produkt- und prozessorientierte Bewertung von fachlichen und überfachlichen Qualifikationen, so macht dies eine Kombination von kontinuierlichen und summativen Bewertungsanteilen notwendig. Die kontinuierliche Bewertung kann sich auf Beobachtungen, Dokumentationen und Gespräche stützen. Beobachtungen können durch den Lehrenden und durch die Lernenden durchgeführt werden und punktuell oder systematisch erfolgen. Eine punktuelle Beobachtung erfolgt mehr oder weniger zufällig in Situationen, in denen der Lehrende über die entsprechenden zeitlichen Freiräume verfügt. Sie ist nicht vorher bestimmbar und erfolgt in der Regel nicht unter Zuhilfenahme eines Beobachtungsbogens, sondern stützt sich auf Notizen oder Aufzeichnungen, die ggf. zu einem späteren Zeitraum gemacht werden. (vgl. Grunder/Bohl 2001, S.290f.). Die systematische Beobachtung erfolgt planvoll und wird bereits bei der Konzipierung des Lernvorhabens entsprechend bei der Verteilung der erforderlichen organisatorischen, konzeptionellen, zeitlichen und personellen Ressourcen berücksichtigt. Sie stützt sich in der Regel auf einen Beobachtungsbogen und erfolgt in Situationen, in denen der Lehrende seine beobachtende Tätigkeit den Lernenden deutlich anzeigt (vgl. Grunder/Bohl 2001, S. 283f.)

Dokumentationen in Form von Lernjournalen, Lernprotokollen und Arbeitsunterlagen können ebenfalls Bestandteil einer kontinuierlichen Bewertung werden. Gespräche, die periodisch im Verlauf der Gruppenarbeit immer wieder in Gruppen, im Plenum oder mit einzelnen Lernenden durchgeführt werden, können gleichfalls als Grundlage für eine kontinuierliche Bewertung dienen.

Auf der Beurteilung des Endproduktes, der Präsentation und einem abschließenden Gespräch kann die summative Bewertung basieren. Es ist möglich, das Gespräch in der Gruppe, im Plenum oder mit dem einzelnen Lernenden zu führen.

Die Bewertung von fachlichen und überfachlichen Qualifikationen setzt voraus, dass diese beobachtet, beschrieben und erfragt werden können. Dementsprechend müssen für diese Qualifikationen Bewertungskriterien und Bewertungsindikatoren gefunden werden, die aussagekräftig beschreiben und die für die Lernenden nachvollziehbar sind. Es ist darauf zu achten, dass nur solche Qualifikationen zum Gegenstand der Bewertung gemacht werden, über die die Lernenden auch tatsächlich verfügen können. Außerdem ist bei Planung der Aufgabenstellung darauf zu achten, dass die zu bewertenden Qualifikationen auch tatsächlich für die Bewältigung der Aufgaben erforderlich sind und von den Lernenden beobachtbar zum Einsatz gebracht werden können.

Nutzung der Bewertung als Förderinstrument und die Kombination von Fremd- und Eigenbewertung

Ähnlich wie im Konzept AiD soll die Bewertung der fachlichen und überfachlichen Qualifikationen im Rahmen des Zwillingsmodellversuches LETko/LOK-Team nicht nur als Grundlage für eine Notenfindung, sondern auch als Instrument zur Förderung der Lernenden dienen. Die Leistungsbewertung soll sowohl Lehrern als auch Schülern die Möglichkeit geben zu erkennen, wo Lernerfolge erzielt wurden bzw. noch Lerndefizite vorhanden sind. Auf der Basis dieser Informationen können gemeinsam alternative Vorgehensweisen zur gezielten Behebung identifizierter Defizite geplant und vereinbart werden. Auf diese Weise soll ein Wechselspiel zwischen Bewertung und gezielter Förderung in Gang gesetzt werden.

Das Potenzial der Bewertung zur Förderung der Lernenden manifestiert sich auch in der Möglichkeit, die Fähigkeit der Lernenden zur Selbstreflexion zu steigern. Sie kann insbesondere dadurch gestärkt werden, dass die Lernenden möglichst weit gehend in den Bewertungsprozess eingebunden werden. Dabei sollte ihnen die Gelegenheit gegeben werden, eine Eigenbewertung vorzunehmen und sich über die Einschätzung ihrer eigenen Leistung mit anderen Lernenden und den Lehrenden auszutauschen. Der gesamte Bewertungsprozess sollte hinsichtlich seines Ablaufes und seiner Anforderungen bezüglich der zu erbringen Leistungen für die Lernenden durchschaubar und möglichst vor dem Einsetzen der Bewertung bekannt sein (vgl. Sacher 2001, S. 63).

Eine förderorientierte Bewertung ist dadurch gekennzeichnet, dass sie einen permanenten Austausch aller Beteiligten über die Lernprozesse und die erbrachten Leistungen ermöglicht (vgl. ebd.). Die Initiation eines solchen Beurteilungsdialoges offeriert dem Lernenden die Chance, an der Planung und Gestaltung seines Lernprozesses eigenverantwortlich mitzuwirken.

Die Eigenbewertung durch die Lernenden kann durch verschiedene Instrumente unterstützt werden. Zu diesen zählen der Selbstbeobachtungsbogen und das Lernjournal. Der Selbstbeobachtungsbogen bildet das komplementäre Gegenstück zum Beobachtungsbogen des Lehrenden. Auf beiden Bögen sind die Kriterien und Indikatoren für die zur Bewertung anstehenden Qualifikationen aufgeführt. Mit Hilfe einer vorher festgelegten Skalierung können die Lehrenden bzw. die Lernenden angeben, in welchem Umfang die jeweiligen Kriterien und Indikatoren erfüllt wurden. Die Beobachtungsbögen bilden die Diskussionsgrundlage für den Bewertungsdialog, in dem die Lernenden und die Lehrenden sich über ihre Beobachtungen austauschen und zu einer gemeinsamen Bewertung kommen.

Mit Hilfe des Lernjournals dokumentiert der Lernenden seine eigenen Lernprozesse und schafft sich damit eine Grundlage für die eigenständige Reflexion seines Handelns und seines Lernerfolges. Das Lernjournal kann dem Lernenden auch als Argumentationsgrundlage für die Auseinandersetzung mit dem Lehrenden im Bewertungsdialog dienen. Der Lehrende sollte nur mit Einverständnis des Lernenden Einblick in dieses Dokument erhalten, da es in erster Linie ein Instrument zur Selbstevaluation darstellt.

Die Eigenbewertung der Lernenden muss sich nicht nur auf die Beurteilung von Einzelleistungen beschränken. Es ist sinnvoll, die Lernenden dazu anzuhalten, die Gruppenprozesse z.B. mit Hilfe von Gruppenprotokollen oder Arbeitsprozessberichten zu dokumentieren. Arbeitsprozessberichte dienen dazu, die Erfahrungen der Schüler, die sie im Verlauf der Gruppenarbeit gemacht haben, zu dokumentieren und diese unter inhaltlichen, sozialen und methodischen Gesichtspunkten zu reflektieren. In ihnen können auch Verbesserungsvorschläge für ein zukünftiges Vorgehen in anderen Vorhaben festgehalten werden. Gruppenprotokolle dokumentieren die Abläufe in der Gruppe und können eine solide Datenbasis zur Unterstützung von reflektorischen Prozessen liefern (vgl. Wester 2000, S. 114).

Die Fremdbewertung durch die Lehrenden kann sich auf systematische oder punktuelle Beobachtungen stützen. Instrumente zur Unterstützung der Fremdbewertung bilden Beobachtungsbögen und Lernberichte. Für die Abfassung von Lernberichten sollte der Lehrer versuchen, den Lernenden, die Gruppe und das Produkt aus verschiedenen Perspektiven zu betrachten. Mit seiner Hilfe soll ein vielschichtiges Bild im Bezug auf die Lernentwicklungen der Lernenden und der Gruppe gezeichnet und die gemachten Beobachtungen und Aufzeichnungen bezüglich der Leistung der Schüler zusammengefasst und diesen in verständlicher Sprache zur eigenen intensiven Auseinandersetzung zugänglich gemacht werden (vgl. Beutel 1999).

Schaffung von Transparenz und Akzeptanz des Bewertungsprozesses

Die förderorientierte Bewertung kann ihr Entwicklungspotential nur dann voll entfalten, wenn die Schüler den Nutzen und die Notwendigkeit einer Bewertung ihrer Leistung erkennen und akzeptieren. Aus diesem Grund sollte den Schülern die Zielsetzungen des Lernprozesses und der Bewertung sowie der Ablauf des Bewertungsprozesses verdeutlicht werden. Denn nur was die Schüler durchschauen können, wird von ihnen auch akzeptiert.

Ein wesentlicher Beitrag zur Akzeptanz des Bewertungsprozesses durch die Lernenden kann dadurch geleistet werden, dass diese in die Ausarbeitung der Bewertungskriterien und Indikatoren für die zu erreichenden Lernziele eingebunden werden. Dies gewährleistet gleichzeitig, dass die Kriterien und Indikatoren für die Lernenden verständlich formuliert werden und dass diese für sie handhabbar werden. Der gemeinsame Bewertungsdialog, in dem sich Lehrer und Schüler über ihre Beobachtungen austauschen und gemeinsam über Konsequenzen und Maßnahmen zur Behebung von Defiziten entscheiden, fördert die Akzeptanz der Bewertung, besonders dann, wenn den Schülern darüber hinaus ein angemessenes Mitspracherecht bei Vergabe von Zwischen- und Endnoten eingeräumt wird.

Trennung von Beobachtung und Bewertung

Die Trennung von Beobachtung und Bewertung wurde als Grundsatz für das Beurteilungskonzept formuliert, weil dies eine wesentliche Voraussetzung für die Initiation eines Beurteilungsdialoges darstellt. Beobachtungen sind im wesentlichen wertfreie Ist-Aufnahmen, deren Formulierung durch den Lehrer den Schülern die Möglichkeit belässt, diesen ebenso wertfrei ihre eigenen Beobachtungen gegenüberstellen. Würde der Beurteilungsdialog auf der Grundlage von Bewertungen geführt, würden beide Seiten mit stark vorgefassten Positionen in das Gespräch eintreten, sodass eine sehr emotionsbehaftete Situation entstehen kann, in der jeder seinen Standpunkt durchzusetzen versucht.

Die Trennung von Bewertung und Beobachtung soll ferner der Vermeidung von Beurteilungsfehlern dienen. Es besteht die Gefahr, dass Beobachtungen von dem Lehrer falsch interpretiert werden und zu falschen Bewertungen führen. Wird die Bewertung erst im Zuge des Beurteilungsdialogs vorgenommen, nachdem die Schüler ihre Sichtweise gegenübergestellt haben, besteht für den Lehrer die Möglichkeit, seine Beobachtung aus einer anderen Perspektive zu sehen und diese noch mal neu zu überdenken und so zu einer objektiveren Bewertung zu kommen.[3] In der Regel führt die Trennung von Beobachtung und Bewertung zu einer Arbeitserleichterung für die Lehrer. Diese brauchen in komplexen Unterrichtssituationen nur ihre Wahrnehmung festzuhalten, dies ist wesentlich einfacher als wenn die aufgenommenen Informationen gleichzeitig mit einem wertenden Urteil versehen werden müssten. Die Bewertung erfolgt erst später, in Zusammenarbeit mit den Schülern, deren Beobachtungen eine Erweiterung der Entscheidungsgrundlage darstellen.

3 Entwicklung einer Ablaufstruktur für einen integrativen Lern- und Bewertungsprozess

Für die Entwicklung des Bewertungskonzeptes wurde der Grundsatz formuliert, dass eine enge Abstimmung zwischen Lern- und Bewertungsprozess erfolgen sollte. Dies impliziert, dass bei der Planung einer Lerneinheit z.B. in Form eines Projektes die Einbindung der Bewertung in das Vorhaben Berücksichtigung findet. Basierend auf diesem Grundsatz wurde die in Tabelle 1 dargestellte Ablaufstruktur für einen integrativen Lern- und Bewertungsprozess erarbeitet.

---

[3] Jürgens und Sacher (2000) weisen darauf hin, dass die Erfassung von Schülerleistungen im beträchtlichem Umfang subjektiven Einflüssen unterworfen ist, wodurch eine Objektivität stark reduziert wird. Die Forderung der Objektivität, die immer wieder in Verbindung mit der Leistungsbeurteilung von Schülern postuliert wird, kann nur in den wenigsten Fällen erreicht werden, da die Menschen dazu neigen, bei der Beurteilung anderer Menschen voreilige und wertende Urteile zu bilden, die durch ihren eigenen Erfahrungen, Eindrücke und Erwartungen beeinflusst sind. Der Beobachter nimmt unbewusst eine Selektion der präsenten Informationen vor, die zu Fehlern in der Personenwahrnehmung und -beurteilung führen können (vgl. Ziegenspeck 1999, S. 173). Grunder und Bohl (2001) fordern die kontrollierte Subjektivität als Gütemaßstab für neue Formen der Leistungsbeurteilung einzuführen, in deren Zentrum die kommunikative Validierung von Beurteilungskriterien steht.

Phase	Lernprozess	Bewertungsprozess
Vorlauf	Aufgabenstellung	Festlegung der Lernziele/Bewertungskriterien, Planung der Bewertung
Erarbeitungsphase I	Informations- und Materialbeschaffung, Arbeitsplanung	Beobachtung und Bewertung des Arbeitsplanes
Controlling I Absprache I	Kotrolle/Überarbeitung des Arbeitsplanes, Präsentation des Arbeitsplanes	Bewertung der Präsentation
Erarbeitungsphase II	Erstellung des Produktes	Beobachtung
Controlling II	Kontrolle des Produktes, Reflexion des Prozesses	Beobachtung, Produktbewertung, Beurteilungsdialog
Erarbeitungsphase III	Produkt fertig stellen, Präsentation vorbereiten	Beobachtung
Generalprobe	Interne Kontrolle von Produkt und Präsentation, Verbesserungen vornehmen	Beobachtung
Controlling III	Präsentation von Produkt und Prozess	Bewertung von Präsentation, Produkt und Prozess
Abschlussphase	Verbesserungsvorschläge erarbeiten	Bewertungsdialog durchführen Endbewertung vornehmen

Tabelle 1: Ablaufstruktur für einen integrativen Lern- und Bewertungsprozess

Im Folgenden werden die einzelnen Phasen näher erläutert:

Vorlauf

Der Vorlauf ist dadurch gekennzeichnet, dass der Lehrende sich im Vorfeld eines Lernvorhabens überlegt, welche Lernziele erreicht werden sollen. Im Anschluss an die Festlegung der Lernziele werden Überlegungen bezüglich einer möglichen Aufgabenstellung getätigt. Dabei ist darauf zu achten, dass die Aufgabenstellung geeignet ist, die Grundlage für einen Lernprozess zu bilden, der es ermöglicht, die angestrebten Lernziele zu erreichen. Diese Aufgabenstellung wird anschließend in Teilaufgaben untergliedert. Aus den Teilaufgaben lassen sich Rückschlüsse bezüglich der Anforderungen ableiten, mit denen die Lernenden konfrontiert werden.

Auf der Grundlage der Teilaufgaben und der Anforderungen, die sich aus ihnen ergeben, werden konkrete Ziele für das Lernvorhaben formuliert. Diese Ziele beziehen sich sowohl auf das Produkt, das im Verlauf der Bearbeitung der Aufgabenstellung entstehen soll, als auch auf den Prozess der Erstellung. Sie bilden die Grundlage für die Ausarbeitung von Bewertungskriterien und Indikatoren. Die Ziele für das Produkt beschreiben beispielsweise, welchen funktionalen, quantitativen und qualitativen Anforderungen es genügen soll. Welche fachlichen und überfachlichen Qualifikationen im Verlauf der Bearbeitung der Aufgabenstellung erworben werden sollen, beschreiben die Ziele, die sich auf den Prozess beziehen.

Ausgehend von den Anforderungen, die sich aus der Aufgabenstellung ergeben, plant der Lehrende die Einteilung der Arbeitgruppen der Lernenden. Er sollte bei der Zusammensetzung der Arbeitsgruppen darauf achten, dass der Pool der in der Gruppe vorhandenen Qualifikationen und Kompetenzen ausreicht, um die Aufgabenstellung angemessen zu bearbeiten.

Neben der Auswahl der Lernziele erfolgt in der Phase des Vorlaufs eine grobe Vorabplanung des Lernvorhabens durch den Lehrenden. Diese beinhaltet eine Einschätzung des Ressourcenbedarfs im Bezug auf Material, Hilfsmitteln, Zeit und Finanzen. Außerdem erfolgt eine grobe Planung eines möglichen strukturellen Ablaufs des Lernvorhabens und des dazugehörigen Bewertungsprozesses.

Der Einstieg der Lerngruppen in das Thema kann unterschiedlich gestaltet werden. Es besteht die Möglichkeit, sie im Anschluss an den Vorlauf mit der Aufgabenstellung zu konfrontieren und ihnen die Lernziele, die dazugehörigen Bewertungskriterien und -indikatoren sowie den geplanten Bewertungsprozess zu erläutern. In der Regel empfiehlt es sich jedoch, die Lernenden bereits in der Phase des Vorlaufs in die Vorplanung des Lernvorhabens einzubinden. Werden sie bei der Auswahl der Aufgabenstellung beteiligt, steigert dies die Motivation, diese zu bearbeiten. Ferner erhöht es die Transparenz und Akzeptanz des Lern- und Bewertungsprozesses, wenn die Lernenden in die Ableitung der Teilaufgaben, die Formulierung der Ziele für das Produkt und den Prozess sowie die Erarbeitung der Bewertungskriterien und -indikatoren eingebunden werden. Eine gemeinsame Unterteilung der Aufgabenstellung in Teilaufgaben durch die Lehrenden und Lernenden ermöglicht es allen Beteiligten, diese inhaltlich zu durchdringen und zu verstehen. Die Beteiligung der Lernenden an der Formulierung der Ziele für das Produkt und den Prozess erhöht die Wahrscheinlichkeit, dass diese als „eigene" Ziele akzeptiert und mit entsprechend mehr Nachdruck und Engagement verfolgt werden. Die gemeinsame Erarbeitung von Bewertungskriterien- und Indikatoren soll gewährleisten, dass sie sowohl von den Lehrenden als auch von den Lernenden verstanden und operationalisiert werden können.

Erarbeitungsphase I

An den Einstieg der Gruppen ins Thema schließt sich Erarbeitungsphase I an, in der sich die Lernenden mit der Informations- und Materialbeschaffung befassen. Nach einer ersten Sichtung und Auswertung des Informationsmaterials erfolgt eine Arbeitsplanung, bei der beispielsweise die Netzplantechnik zum Einsatz gebracht oder auch eine Ablaufplanung mit Hilfe von Balkendiagrammen vorgenommen werden kann. Die Arbeitsplanung umfasst dabei nicht nur die zeitliche Strukturierung der Arbeitsabläufe, sondern auch die Festlegung der Arbeitsweisen und damit das methodisch-praktische Vorgehen.

Eine Bewertung der Erarbeitungsphase I kann mit Hilfe von Eigenbewertungen durch die Lernenden und die Fremdbeobachtung durch den Lehrenden einer Beurteilung unterzogen werden. Erstellte Arbeitsunterlagen wie Arbeitspläne und Arbeitsunterlagen können in Form einer Produktbewertung in die Bewertung einfließen. Darüber hinaus besteht die Möglichkeit, die Lerngruppen ein Gruppenjournal und die Lernenden als Einzelpersonen ein Lernjournal führen zu lassen. Ferner kann der Lehrende am Ende der Erarbeitungsphase I Bewertungsgespräche mit den Lerngruppen oder einzelnen Lernenden führen, um den bisherigen Verlauf des Lernvorhabens und dessen Zwischenergebnisse zu bewerten.

Controlling I und Absprache I

Auf die Erarbeitungsphase I erfolgt das Controlling I und die Absprache I. In dieser Phase wird der erstellte Arbeitsplan einer kritischen Überprüfung unterzogen und gegebenenfalls verbessert. Ist die Arbeitsplanung abgeschlossen, kann diese in Form einer Präsentation dem Lehrenden und den anderen Lerngruppen zur Bewertung vorgeführt werden. Eventuelle Verbesserungsvorschläge durch die Lehrenden oder die anderen Lerngruppen können in eine abschließende Arbeitsplanung eingearbeitet werden. Hierauf erfolgt die Aufgabenverteilung in der Gruppe. Dabei werden Absprachen bezüglich der Vorgehensweise, einzuhaltender Termine und dem Verhalten in der Gruppe getroffen. Bei der Aufgabenverteilung in den Gruppen ist zu überprüfen, ob die in der Gruppe vorhandenen Qualifikationen für die Bearbeitung der jeweiligen Aufgaben ausreichend sind. Ist dies nicht der Fall, ist gegebenenfalls die Gruppenzusammensetzung zu ändern oder es müssen Lernangebote gemacht werden, um eventuelle Qualifikationsdefizite auszugleichen.

In dieser Phase können die Präsentation der Arbeitsplanung sowie die erstellten Arbeits- und Planungsunterlagen einer Bewertung unterzogen werden. Darüber hinaus besteht auch die Möglichkeit, das Gruppenjournal und Lernjournal in die Bewertung einzubinden.

Erarbeitungsphase II

In der sich nun anschließenden Erarbeitungsphase II erfolgt die Erstellung des Produktes. Dabei entsteht zunächst eine Rohfassung, die zu einem späteren Zeitpunkt vollendet bzw. überarbeitet wird. Die Arbeits- und Handlungsabläufe dieser Phase können durch Beobachtungen einer Fremd- und Eigenbewertung unterzogen werden. Außerdem besteht die Möglichkeit, sie in den Gruppen- und Lernjournalen zu dokumentieren.

Controlling II

Das Controlling II, das sich an die Erarbeitungsphase II anschließt, bildet den Rahmen für eine Qualitätskontrolle des Produktes. Gemeinsam mit dem Lehrenden und den anderen Lerngruppen überprüfen die Lernenden, ob die bis dahin fertiggestellte Version des Produktes den Anforderungen entspricht, die zu Beginn des Lernvorhabens formuliert und festgehalten wurden. Es besteht gleichfalls die Möglichkeit, den bisherigen Arbeitsprozess in Gesprächen zu reflektieren. Diese Gespräche können zwischen den einzelnen Lerngruppen und dem Lehrenden oder in Einzelgesprächen zwischen den Lernenden und dem Lehrenden erfolgen. Das Controlling II kann von Lerngruppen dazu genutzt werden, dem Plenum ihre bisherigen Arbeitsergebnisse zu präsentieren und über die bis dahin abgelaufenen Arbeitsprozesse zu berichten. In dieser Phase können die Produkte und Prozesse einer vorläufigen Bewertung unterzogen werden, die die Datengrundlage für einen späteren Vergleich mit den Ergebnissen der Abschlussbewertung bildet. Dieser Vergleich der Ergebnisse der Zwischen- und der Abschlussbewertung kann dazu dienen, qualitative Veränderungen in Prozessabläufen und bei den Produkten zu erfassen und sich einstellende Lernerfolge zu dokumentieren.

Erarbeitungsphase III

In der nun folgenden Erarbeitungsphase III wird das Endprodukt durch die Zusammenführung der bis dahin fertiggestellten Teilergebnisse erfolgt. Nach der Fertigstellung des Produktes wird in dieser Phase die abschließende Präsentation vorbereitet.

Generalprobe und Controlling III

Die vorbereitete Präsentation wird bei einer Generalprobe gruppenintern durchgeführt. Dies bietet den Lernenden die Möglichkeit, nicht nur die Präsentation, sondern auch ihr Produkt einer letzten Qualitätskontrolle zu unterziehen. Hier auftretende und erkannte Mängel können noch einmal überarbeitet werden, sodass die endgültige Fassung der Präsentation und des Produktes entsteht. Die abschließende Überprüfung der Präsentation und des Produktes bildet das Controlling III. Die Grundlage für die Bewertung sowohl der Erarbeitungsphase III als auch der Generalprobe und des Controlling III bildet die Beobachtungen durch die Lehrenden und die Lernenden sowie die Eintragungen, die in den Gruppen- und Lernjournalen gemacht wurden.

Präsentation

Im Zuge der Präsentation wird das Produkt in seiner endgültigen Version dem Lehrenden und dem Plenum vorgestellt. Dabei ist es möglich, nicht nur das Produkt zu präsentieren, sondern auch über den für seine Entstehung relevanten Prozess zu berichten. Am Ende einer jeden Präsentation erfolgt eine abschließende Bewertung der Präsentation, des Prozesses und des Produktes.

Abschlussgespräche

Im Zuge der Abschlussgespräche stellen die Lehrenden und die Lernenden ihre Beobachtungen gegenüber. Grundlage für die Abschlussgespräche bilden Beobachtungsbögen, Gruppen- und Lernjournale. In einem Bewertungsdialog stellen Lehrende und Lernende ihre Positionen dar und gleichen ihre Bewertungen miteinander ab. Es wird gemeinsam untersucht, inwieweit der Lernende die angestrebten Lernziele erreicht hat bzw. wo noch Entwicklungs- und Förderungsbedarf ist. Wurden Defizite ausgemacht, werden gemeinsame Überlegungen angestellt, mit welchen Maßnahmen diese behoben werden können und welche davon tatsächlich ergriffen werden sollen. Diese Maßnahmen werden gegebenenfalls schriftlich fixiert.

Zum Abschluss wird im Plenum sowohl der Lern- als auch der Bewertungsprozess einer kritischen Reflexion unterzogen, um zu überprüfen, ob für folgende Vorhaben Veränderungen notwendig sind.

4 Entwicklung und Erprobung von Hilfsmitteln, Instrumenten und Methoden

Die Entwicklung von Hilfsmitteln und Instrumenten im Verlauf des Modellversuches war außerordentlich schwierig und nahm sehr viel Zeit in Anspruch. Vor dem Hintergrund der knappen zeitlichen Ressourcen beschränkten sich die Bemühungen im wesentlichen auf die Entwicklung von Beobachtungsbögen, die Lehrern und Schülern bei der Beurteilung des Lernprozesses unterstützen sollen.

Probleme bei der Entwicklung und Erprobung von Beobachtungsbögen

Als besonders problematisch bei der Konzeption von Beobachtungsbögen hat sich die Auswahl und Formulierung von Bewertungskriterien und Indikatoren erwiesen. Den beteiligten Akteuren ist es außerordentlich schwer gefallen, speziell für die überfachlichen Qualifikationen verständliche und operationalisierbare Kriterien und Indikatoren zu erarbeiten. Im Bezug auf die fachlichen Qualifikationen gab es diese Probleme kaum.

Schwierigkeiten gab es auch beim Einsatz der Beobachtungsbögen. Die Lehrer machten die Erfahrung, dass die Bögen nicht überfrachtet werden dürfen. Die Anzahl der zu beobachtenden Qualifikationen und der aus ihnen abgeleiteten Kriterien und Indikatoren sollte eher gering gehalten werden, weil ansonsten die Anforderungen an die Beobachtungstätigkeit in einer ohnehin sehr komplexen Lernsituation zu hoch werden. Besondere Berücksichtigung bei der Konzeption der Beobachtungsbögen sollte die Tatsache finden, dass die Schüler in der Regel überhaupt keine Erfahrung bei der Beobachtung ihrer eigenen Lernprozesse oder die ihrer Mitschüler haben. Es besteht die Gefahr, dass sie mit der Handhabung von zu umfänglichen Beobachtungsbögen überfordert werden und sie diese dann ablehnen.

Vor große Schwierigkeiten wurden die Lehrer auch dadurch gestellt, dass die Schüler die Kriterien und Indikatoren nicht verstanden haben bzw. nicht mit ihnen umgehen konnten. Verstärkt traten diese Schwierigkeiten in den Klassen auf, in denen der Anteil von Schülern mit Sprachschwierigkeiten hoch ist. Eine Einbindung der Schüler in die Kriterienerarbeitung konnte dieses Problem nur bedingt beheben, da die sprachlichen Fähigkeiten einiger Schüler so gering waren, dass mit ihnen ein verbaler Austausch über eine so komplexe und für die Schüler abstrakte Materie extrem schwierig war.

Schwierigkeiten bei methodischen Umsetzung

Die angestrebte Trennung von Beobachtung und Bewertung erwies sich als nicht ganz unproblematisch. Besonders in der Anfangsphase des Modellversuches, wo dieses Vorgehen in einer Fortbildungsveranstaltung geübt wurde, zeigte sich, dass die Lehrer bei der Beobachtung von Lernsituationen immer wieder wertende Urteile abgaben, wo sie nur das Gesehene beschreiben sollten.

Problembehaftet war auch die Durchführung von Beurteilungsdialogen, besonders bei Schülern mit Sprachschwierigkeiten. Sie waren häufig benachteiligt, wenn es darum ging, ihre Leistungsbeobachtungen im Beurteilungsdialog argumentativ zu untermauern. Generell wurde die Gefahr erkannt, dass Schüler auf Grund kommunikativer Stärken ihre Standpunkte besser vertreten können und in Folge dessen bessere Noten bekommen. Darüber hinaus resultierte aus den Beurteilungsdialogen eine nicht zu vernachlässigende zeitliche Mehrbelastung, die nicht von allen Lehrern bewältigt werden konnte.

Als Herausforderung erwies sich auch die Lösung der Frage, ob und wie die Gruppenleistung in eine Einzelleistung transferiert werden kann. Einige Schülergruppen lehnten die Vergabe von Einzelnoten strikt ab und verlangten mit Hinweis auf den Teamgedanken eine einheitliche Zensurenvergabe. In anderen Fällen wurden Notenpools vergeben, wo der Durchschnittswert der Einzelnoten der Gesamtnote der Gruppe entsprechen muss. Die Gesamtnote und die Einzelnoten wurden mit dem Lehrer abgestimmt.

Verantwortungsbewusster Umgang mit der Eigenbewertung

Zu sehr positiven Erfahrungen hat der Ansatz geführt, die Schüler über die Eigenbewertung an der Beurteilung und der Notengebung zu beteiligen. Bis auf wenige Ausnahmefälle haben die Schüler die mit ihrer Partizipation an der Bewertung verbundenen Verantwortung sehr ernst genommen. Versuche, sich manipulativ eine unangemessen gute Note zu verschaffen, blieben seltene Einzelfälle, die nicht selten von den eigenen Mitschülern unterbunden wurden. Sehr viel häufiger trat der Fall ein, dass die Schüler ihre eigene Leistung und die ihrer Mitschüler erheblich kritischer beurteilten als dies der Lehrer getan hat.

Insgesamt wurde die Möglichkeit, sich an der Leistungsbewertung zu beteiligen, sehr positiv aufgenommen. Über den Verlauf des Modellversuches hat sich gezeigt, dass sich die Lernenden auf Grund mangelnder Vorerfahrungen mit der Beobachtung und Bewertung ihrer eigenen Leistungen zunächst sehr schwer tun. Dies änderte sich aber, sobald sie ihr Erfahrungsdefizit ausgeglichen und etwas Routine in diese Form der Bewertung erlangt hatten. Vergleichbares gilt für die Lehrer. Der für die förderorientierte Bewertung von fachlichen und überfachlichen Qualifikationen notwendige erhebliche Mehraufwand reduzierte sich, wenn die Lehrer Erfahrungen mit der neuen Form von Bewertung gesammelt hatten. Für das verbleibende erhöhte Arbeitsaufkommen wurden die Lehrer durch eine spürbar steigende Lernmotivation der Schüler „entschädigt", die die Umsetzung von Lernvorhaben erheblich erleichtert.

Literatur

ANTONI, C. H. (2000): Teamarbeit gestalten. Weinheim und Basel.

BESEMER, I. u.a. (1998): Team(s) lernen Teamarbeit. Weinheim.

BEUTEL, S.-I. (1999): Lernberichte – Eine Möglichkeit für die Sekundarstufe. In: Pädagogik, 51. Jg., H. 3, S. 45-48.

BROCHER, T. (1967): Gruppendynamik und Erwachsenenbildung. Braunschweig.

COHN, R. (1975): Von der Psychoanalyse zur Themenzentrierten Interaktion. Stuttgart.

GRUNDER, H. U./BOHL, T. (2001): Neue Formen der Leitungsbeurteilung in der Sekundarstufe I und II. Hohengehren.

KLIPPERT, H. (2000): Teamentwicklung im Klassenraum. Weinheim und Basel.

MEYER, H. (1989): Unterrichtsmethoden. Berlin.

MEYER, H. (1997): Schulpädagogik, Band II. Berlin.

LÜGERT, W. (1999): Leistungsrückmeldung. In: Pädagogik, 51. Jg., H. 3, S. 46-50.

NOTHDURFT, M. (2000): Im Team an die Spitze. Offenbach.

PHILIPP, E. (2000): Teamentwicklung in der Schule. Weinheim und Basel.

SACHER, W. (2001): Leistungen entwickeln, überprüfen und beurteilen: Grundlagen, Hilfen und Denkanstöße für alle Schularten. Bad Heilbrunn.

SACHER, W./JÜRGENS E. (2000): Leistungserziehung und Leistungsbeurteilung. Neuwied, Kriftel.

SCHWENDENWEIN, W. (2000): Theorie des Unterrichtens und Prüfens. Wien.

SELBACH, R./SCHNEIDER, P. (1994): Lernen und Arbeiten im Team. Bielefeld.

STÖGER, G. (1996): Besser im Team. Weinheim und Basel.

VOPEL, K. W. (2000): Teamfähig werden. Band I u. II. Salzhausen.

WESTER, F. (2000): Offener Unterricht und Leistungsbewertung. In: BEUTEL, S.-I./VOLLSTÄDT, W. (Hrsg.): Leistung ermitteln und beurteilen. Hamburg, S. 113-129.

ZIEGENSPECK, J. W. (1999): Handbuch Zensur und Zeugnis in der Schule: historischer Rückblick, allgemeine Problematik, empirische Befunde und bildungspolitische Implikationen. Bad Heilbrunn.

FRANK ELSTER

Leistungsbeurteilung in projektorientierten Lernarrangements – zum Stand der Diskussion

Die einzelnen Artikel in diesem Band beleuchten die Frage nach der Einschätzung und Beurteilung von Lernleistungen in offenen und projektorientierten Lernarrangements sowie der Bewertung überfachlicher Qualifikationen aus verschiedenen Perspektiven und mit zum Teil abweichenden Ergebnissen. Im Folgenden werden Unterschiede und Gemeinsamkeiten der einzelnen Konzepte entlang leitender Fragestellungen, die aus den Erfahrungen mit solchen Einschätzungsinstrumenten resultieren, aufgezeigt und diskutiert. Ziel dieser Zusammenstellung ist es, sowohl übereinstimmende Sichtweisen als auch kontroverse Standpunkte deutlich zu machen, um den Stand der Diskussion herauszuarbeiten und Anschlussmöglichkeiten für weitere wissenschaftliche und praktische Arbeit herzustellen. Grundlage dieser Zusammenstellung ist neben den vorliegenden Artikeln die intensive und zum Teil kontrovers geführte Diskussion auf dem Workshop.

1 Prozess- vs. Ergebnisbewertung

Leitfrage: *Steht der Lern- und Arbeitsprozess oder das Lern- und Arbeitsergebnis im Mittelpunkt der Bewertung?*

Die generelle Tendenz innerhalb der einzelnen Konzepte und Aussagen ist es, sowohl die Prozesse als auch die Ergebnisse zu bewerten.

Zur *Ergebnisbewertung*: Als Bewertungsgegenstand kann herangezogen werden:

- das *Endprodukt* des Lern- beziehungsweise Arbeitsprozesses sowie eine

- *Ergebnispräsentation*, etwa in Form einer Power-Point-Präsentation oder als Ergebnisjournal, Broschüre oder Wandzeitung.

Diese Gegenstände können sowohl von den Lehrenden wie dialogisch zwischen Lernenden und Lehrenden bewertet werden. Bei Lernarrangements, die reale Arbeits- und Geschäftsprozesse zur Grundlage haben, können Kunden und deren Einschätzung und Zufriedenheit in die Bewertung einfließen, wobei als Kunden auch nachfolgende oder kooperierende Azubis (im Sinne betriebsinterner Kunden-Lieferanten-Beziehungen) angesehen werden könnten. Dies würde auf eine Bewertung oder ein Feedback zwischen den Lernenden selbst hinauslaufen.

Zur *Prozessbewertung*: Hier zeichnen sich zwei Alternativen ab:

- *Formative* Bewertung des Prozesses mittels einzelner „Messpunkte", das heißt beispielsweise Beobachtungen oder Feedbackgespräche zu verschiedenen, festgelegten Zeitpunkten beziehungsweise in verschiedenen Phasen des Projekts.

- *Summative* Bewertung einer *Prozessdokumentation*. Hierzu können eingesetzt werden:

    - Arbeitsunterlagen,

    - Lernjournals oder -tagebücher, in denen der Arbeitsprozess dokumentiert wird,

    - Statusnotizen im Sinne des Projektmanagements,

    - Pflichtenheft, in dem Ziele, Verantwortlichkeiten, Meilensteine etc. festgelegt werden sowie ein

    - „Logbuch" zur „Navigation" in Junioren- oder Übungsfirmen.

2 Einzel- vs. Gruppenbewertung

<u>Leitfrage</u>: *Erfolgt eine Bewertung von* Team- *oder* Einzel*leistungen? Wie können Teamleistungen individualisiert werden und Aussagen über den Einzelnen erlauben?*

Diese Frage steht eher im Hintergrund der vorgestellten Konzepte und wurde auch in der Diskussion nur am Rande thematisiert. Eine Möglichkeit, Gruppen- oder Teamleistungen zu individualisieren, wird in der Möglichkeit gesehen, die Teamleistung als Ganzes zu bewerten, und die Teammitglieder selbst mit der unterschiedlichen Gewichtung der Einzelleistungen zu beauftragen.

Folgendes Beispiel mag dies verdeutlichen: Für das Ergebnis einer Teamarbeit sind höchstens 100 Punkte (entspricht „sehr gut") zu vergeben. Das Ergebnis einer Arbeitsgruppe wurde vom Lehrenden mit 80 Punkt („gut") bewertet. Dieses Ergebnis teilt er der Gruppe mit, die in unserem Beispiel aus vier Mitgliedern besteht. Es ist den Teammitgliedern nun selbst überlassen, wie sie mit diesem Ergebnis umgehen. Teilt sie das Ergebnis gleichmäßig, bekommt jedes Mitglied 20 Punkte und damit ein „gut". Ist das Team aber nun selbst der Ansicht, dass die Einzelleistungen unterschiedlich zu bewerten sind, kann es selbstständig Punkte zuordnen, sodass beispielsweise ein besonders aktives Gruppenmitglied 25 Punke („sehr gut") bekommt. Diese Punkte müssen natürlich bei anderen Teammitgliedern „eingespart" werden – daher erfordert dieses Vorgehen großes Vertrauen in die Teamfähigkeit der Lernenden, kann aber zugleich das Gefühl für die verantwortungsvolle Zusammenarbeit im Team steigern helfen. Um dies zu verwirklichen, muss dieses Instrument bereits vor Beginn der Teamarbeit transparent gemacht werden.

3 Zielvereinbarungen

<u>Leitfrage</u>: *Können Zielvereinbarungen zwischen Lehrenden und Lernenden der Kontrolle und Bewertung von Prozessfortschritten dienen?*

Insbesondere in Lernformen oder Projekten, deren Arbeits- und Lernergebnisse nicht schon zu Beginn detailliert festgelegt werden können – beispielsweise in Lernformen, die mit Arbeitsaufträgen aus der freien Wirtschaft arbeiten oder in Lernprojekten, in denen die Setzung eigener Ziele und die Definition eigener Erfolgskriterien integraler Bestandteil des Lernkonzepts ist – wird die Zielvereinbarung als Möglichkeit genannt, Bewertungskriterien zu erarbeiten und eine Einschätzung des Lernerfolgs vorzunehmen.

Hierbei sind grundsätzlich zwei Grundvoraussetzungen zu beachten:

- Zielvereinbarungen sollten im Dialog zwischen Lehrenden und Lernenden erarbeitet werden.

- Die Zielvereinbarungen müssen dokumentiert werden, beispielsweise in einem Pflichtenheft oder Lerntagebuch.

4 Selbst- oder Fremdbewertung?

<u>Leitfrage</u>: *Werden die Leistungen von Lehrenden bzw. Ausbildern bewertet oder erfolgt eine Selbstbewertung der Lernenden?*

Wie schon beim Thema Prozess- oder Ergebnisbewertung der Kombinationsgedanke im Zentrum steht, so wird auch hier einer Kombination von Selbst- und Fremdbewertung der Vorzug gegeben. Ebenso wird ersichtlich, dass Fremdeinschätzung auch die Bewertung durch andere Lernende (zum Beispiel andere Teammitglieder) betrifft, nicht nur die Beurteilung durch Lehrende.

Übereinstimmung sowohl zwischen den verschiedenen Konzepten als auch in der Diskussion ist hinsichtlich folgender Punkte zu konstatieren:

- Feedbackgespräche sind zum Abgleich von Selbst- und Fremdbewertung hilfreich.

- Für die Selbsteinschätzung müssen dialogisch Kriterien erarbeitet werden, damit bei den Lernenden ein Verständnis für die Qualität ihrer Arbeit erzielt wird.

- Die Selbstbewertung muss dokumentiert werden.

- Zwischen den Freiräumen in offenen oder projektförmigen Lernarrangements und pädagogischer Anleitung oder Hilfestellung besteht kein Gegensatz. Vielmehr dienen Formen der Selbstbewertung insbesondere der Steuerung offener Arbeits- und Lernprozesse. Nur wenn die Lernenden ein Verständnis für die Qualität der eigenen Arbeit erlangen, können sie ihren Arbeits- und Lernprozess selbstorganisiert planen und strukturieren.

Demgegenüber sind jedoch hinsichtlich einer Reihe von Punkten *Unterschiede* in den Konzepten festzustellen, die zum Teil *kontrovers* diskutiert wurden:

- Es wird sehr unterschiedlich bewertet und es wurde von gegensätzlichen Praxiserfahrungen berichtet hinsichtlich der Frage, ob die Lernenden die Bereitschaft und die Fähigkeit besitzen, sich gegenseitig zu bewerten.

- Ebenso gibt es unterschiedliche Sichtweisen hinsichtlich der Frage, ob zur Selbsteinschätzung standardisierte Instrumente einzusetzen sind.

- Kontroversen gibt es auch bezüglich der Frage, ob Sozialkompetenzen nur von den Lernenden, nicht aber von den Lehrenden bewertet werden können.

- Keine Einigkeit konnte hinsichtlich der Frage erzielt werden, ob die Selbsteinschätzung von den Lernenden strategisch eingesetzt wird. So berichteten einige Lehrende von der Erfahrung, dass die Lernenden ihre Leistungen wesentlich höher einschätzten, als es der Fremdwahrnehmung entsprach. Andere Praktiker betonten demgegenüber die ausgesprochene Ehrlichkeit und Offenheit der Lernenden bei der Selbsteinschätzung. Hier wurde berichtet, dass gerade die Schwerpunktsetzung auf die Selbsteinschätzung die Reflexivität und damit auch die Offenheit und Ehrlichkeit der Lernenden stark erhöht.

- Dem standen wiederum Erfahrungsberichte gegenüber, denen zufolge die Selbsteinschätzung der Lernenden kritisches oder kontroverses Denken unterbinde und zu Konformität führe. Aber auch hinsichtlich dieser Frage gab es gegenteilige Positionen.

5 Kriterien

<u>Leitfrage</u>: *Anhand welcher Kriterien erfolgt die (Selbst- oder Fremd-) Bewertung?*

Im Grundsatz gehen alle Modelle von der Annahme aus, dass es zur Bewertung und Einschätzung von Lernleistungen Kriterien bedarf, anhand derer sich diese Leistungen bemessen. Die in den verschiedenen Konzepten vorgestellten Bewertungskriterien gliedern sich größtenteils anhand der bekannten Unterscheidung in Fach-, Methoden-, Sozial- und (zum Teil) Individualkompetenzen.

Ein grundlegender *Konflikt* wird allerdings sowohl in den verschiedenen Modellen als auch in der Diskussion ersichtlich – der Konflikt zwischen *Situationsbezug* und *Kriterienformulierung:*

- Einerseits müssen zur Bewertung beziehungsweise Einschätzung der Leistungen der Lernenden Kriterien herangezogen werden;

- andererseits ist es bei Realprojekten mit auf sehr unterschiedliche Situationen bezogenen und innovativen Lernprozessen kaum möglich, im Vorwege Kriterien zu formulieren, da solche Lernprozesse nicht standardisiert werden können.

Zu diesem Problem gibt es eine Reihe von Lösungsansätzen:

- Dieselben *Sozial-* und (eingeschränkt) auch *Methoden*kompetenzen können auch anhand verschiedener Situationen erlangt werden. Zur Konkretisierung dieses Arguments könnte der Ansatz der *Situationstypen* dienen.[1] Bei *Fach*kompetenzen ist dies wesentlich schwieriger, da zum Erwerb von Fachkompetenzen konkrete Inhalte festgelegt werden müssen – hier liegt bei Realprojekten das große Problem.

- Eine Möglichkeit besteht darin, die Kriterien dem jeweiligen Projekt angepasst als *Zielvereinbarung* im *Dialog* zwischen Lehrenden und Lernenden zu erarbeiten.

- Als Kriterien zur Ergebnisbewertung könnten somit die *Inhalte des Pflichtenhefts / des Lerntagebuchs* herangezogen werden.

Konsens besteht hinsichtlich der Tatsache, dass die Einschätzungs- und Beurteilungskriterien den Lernenden bekannt und transparent sein müssen und auch verständlich und nachvollziehbar formuliert sowie eindeutig definiert werden sollten. Dies unterstreicht die Notwendigkeit, die Kriterien dialogisch zu erarbeiten.

Daneben wird an verschiedenen Stellen thematisiert, dass Kriterien auch zur Sicherstellung von Ergebnis- und Prozessqualität genutzt werden können:

- Im AiD-Konzept von DaimlerChrysler[2] wird Prozessqualität mittels kleiner Arbeitsgruppen, Feedbackgesprächen und eindeutiger Zieldefinitionen erlangt.

- Ergebnisqualität wird im Konzept von KUS-Hamburg[3] mittels der dialogischen Erarbeitung von Qualitätskriterien erreicht.

---

[1] Vgl. den Beitrag von Walzik in diesem Band.
[2] Vgl. den Beitrag von Maßon in diesem Band.
[3] Vgl. den Beitrag von Herold in diesem Band.

6 Kommunikation

Leitfrage: *Wie kann die Implementierung neuer Bewertungskonzepte im Ausbildungsbereich unterstützt werden? Wie „vermarkte" ich das Konzept bei Schülerinnen, Schülern und Auszubildenden? Welches sind überzeugende Argumente?*

Diesen Punkt betreffend kann eine grundlegende Übereinstimmung dahingehend festgehalten werden, dass die *Form und Inhalte (beispielsweise Kriterien) des Bewertungs-/Einschätzungsverfahren den Lernenden transparent gemacht* werden müssen. Hierzu kann man idealtypisch zwischen zwei Varianten unterscheiden, die in der Praxis zumeist mit unterschiedlichen Schwerpunkten miteinander verbunden werden:

- Die Lernziele, Beurteilungskriterien und -verfahren werden im Vorwege von den Lehrenden festgelegt und den Lernenden transparent gemacht;

- die Lernziele, Beurteilungskriterien und -verfahren werden im Dialog zwischen Lehrenden und Lernenden erarbeitet.

Hinsichtlich der konkreten Verfahren der dialogischen Erarbeitung von Einschätzungskonzepten und -kriterien bleiben sowohl die in diesem Band vorgestellten Konzepte als auch die Diskussionsbeiträge auf dem Workshop jedoch eine konkretere Darstellungen schuldig.

In der Zusammenschau der einzelnen Modelle lassen sich weitere wichtige Punkte identifizieren:

- Verständlichkeit und Nachvollziehbarkeit der Kriterien und des Vorgehens müssen sicher gestellt werden;

- die Lernenden müssen mit den eingesetzten Methoden umgehen können, hierzu sollten beispielsweise Schulung der Lernenden hinsichtlich ihrer Selbsteinschätzung durchgeführt werden;

- Konsequenzen und Maßnahmen, die aus der Einschätzung resultieren, müssen diskutiert werden, wenn nicht nur die Einschätzung, sondern die Förderung der Lernenden im Mittelpunkt stehen soll;

- Rückmeldungen über Akzeptanz und Probleme in der (Selbst-) Einschätzung sollten Prämisse bei der Einführung derartiger Konzepte sein.

7 Kompatibilität

Leitfrage: *Inwieweit sind die neuen Bewertungsverfahren vereinbar mit vorhandenen Bewertungssystemen? Wie werden sie jeweils im Rahmen von Schule oder Ausbildung gewichtet?*

In den vorliegenden Konzepten spielt diese Frage eine eher untergeordnete Rolle. Bei genauer Betrachtung der einzelnen Vorgehensweisen werden jedoch einige grundlegende Perspektiven deutlich, die auf dem Workshop in eine kontroverse Diskussion einmündeten:

- Ist das *Ziel* der Bewertung in erster Linie in der *Selektion* oder in der *Förderung* der Lernenden zu sehen?

- Sollten für innovative Lernformen auch eigenständige *innovative Einschätzungskonzepte* erarbeitet werden, oder liegt das Ziel in der *Kompatibilität mit traditioneller Notengebung*?

Hinsichtlich beider Gesichtspunkte lassen sich zwei *kontroverse Standpunkte* identifizieren:

- Einerseits: Es ist möglich, Beides *miteinander zu verbinden* – beziehungsweise: Beides ist nur in *Verbindung miteinander sinnvoll*: Förderung *und* Selektion; Notengebung *und* innovative Lernformen und Einschätzungskonzepte.

- Andererseits: Es existiert ein *Konflikt* zwischen den jeweiligen Punkten, es ist daher eine *Grundsatzentscheidung* zu fällen, was Ziel des Bewertungskonzepts sein soll: Förderung *oder* Selektion; Notengebung *oder* innovative Lernformen und Einschätzungskonzepte.

In Bezug auf die Kompatibilität innovativer mit bestehenden Einschätzungskonzepten sind weitere Punkte zu beachten:

- Ein Konsens besteht darin, dass die Einführung neuer und innovativer Lernformen zertifiziert werden sollten. Kein Konsens besteht hingegen bezüglich der Frage, ob damit notwendigerweise Notengebung im klassischen Sinne verbunden ist.

- Gängigen *Gütekriterien* wie Objektivität, Zuverlässigkeit, Wiederholbarkeit kann bei der Bewertung in offenen und projekt- oder prozessorientierten Lernarrangements immer nur in Ansätzen Genüge getan werden.

8 Aufwand

Die Konzepte und Erfahrungen weisen auf einen grundsätzlichen Kritikpunkt hin, der vor allem von den Praktikern vor Ort vorgebracht wird: Der *Aufwand* – vor allem der zeitliche Aufwand – der vorgestellten innovativen Einschätzungskonzepte wurde als *zu hoch* angesehen. Dieser hohe Aufwand wird einhellig kritisch betrachtet.

Als Gegenargument wurde aus der Perspektive derjenigen Konzepte, die bereits hinlänglich in der Praxis erprobt sind, angeführt, dass die zunehmende *Routine* den *Aufwand reduzieren* kann.[4]

Letztlich ist in der Zusammenschau ein grundlegender *Konflikt* zwischen Handhabbarkeit und Zeitökonomie auf der einen und Genauigkeit und Transparenz auf der anderen Seite festzuhalten. Es ist daher immer im Einzelfall und entsprechend den gegebenen Rahmenbedingungen zwischen diesen beiden Polen abzuwägen.

---

[4] Vgl. die Beiträge von Maßon und Penk in diesem Band.

Autorenverzeichnis

Anne Busian ist akademische Rätin am Institut für Allgemeine Erziehungswissenschaft und Berufspädagogik der Universität Dortmund. Sie arbeitet in der wissenschaftlichen Begleitforschung des Modellversuchs INTRALOK.

Zorana Dippl ist wissenschaftliche Mitarbeiterin am Lehrstuhl für Berufs- und Betriebspädagogik der Universität der Bundeswehr Hamburg. Sie arbeitet in der wissenschaftlichen Begleitforschung des BIBB/BLK-Zwillingsmodellversuchs JeeNet.

Frank Elster ist wissenschaftlicher Mitarbeiter am Lehrstuhl für Berufs- und Betriebspädagogik der Universität der Bundeswehr Hamburg. Er arbeitet in der wissenschaftlichen Begleitforschung des BIBB/BLK-Zwillingsmodellversuchs JeeNet.

Gabriele Herold ist Studienrätin an einer Hamburger Gewerbeschule. Sie arbeitet in der wissenschaftlichen Begleitforschung des Modellversuchs KUS.

Katja Lenz ist wissenschaftliche Mitarbeiterin in der Forschungsgruppe LOS – Lernen, Organisiert und Selbstgesteuert am Institut Technik & Bildung der Universität Bremen. Sie arbeitet in der wissenschaftlichen Begleitforschung des BLK-Modellversuchs EDUKAT.

Jürgen Maßon arbeitet in der Abteilung Betriebliche Bildung der DaimlerChrysler AG im Werk Bremen. Er ist Projektkoordinator des Modellversuchs LETko.

Ingo Penk ist wissenschaftlicher Mitarbeiter in der Forschungsgruppe Praxisnahe Berufsbildung der Universität Bremen. Er arbeitet in der wissenschaftlichen Begleitforschung des BIBB/BLK Zwillingsmodellversuchs LETKO/LOK-Team.

Sebastian Walzik ist wissenschaftlicher Mitarbeiter am Institut für Wirtschaftspädagogik der Universität St. Gallen. Er arbeitet im BLK-Modellversuchsprogramm KOLIBRI – Kooperation der Lernorte in der beruflichen Bildung.

Gerhard Zimmer ist Professor für Berufs- und Betriebspädagogik am Institut für Berufsbildung, Weiterbildung und Telematik der Universität der Bundeswehr in Hamburg. Er leitet die wissenschaftliche Begleitforschung im Modellversuch JeeNet.